hansjörg zauner

die ofensau muß raus

edition neue texte

literaturverlag droschl

© Literaturverlag Droschl Graz – Wien 2005

Umschlaggestaltung: Hansjörg Zauner
Layout + Satz: AD
Herstellung: Finidr, s. r. o.

ISBN 3-85420-681-X (Normalausgabe)
ISBN 3-85420-687-9 (Vorzugsausgabe)

Literaturverlag Droschl Alberstraße 18 A-8010 Graz
www.droschl.com

raum auf – raum aufgerissen

raum auf. raum aufgerissen. immer mit traktoren und zungen zugleich. über meine finger laufen lassen und hinstempeln als zopf. mein raumzopf. mein raumzapfen schwabbelt eine runde elektrik. wir sind schief im raum ein raum mit schwellung der glitscht aus. der glitscht zwitschern so falten uns bildstangen entgegen und füllen raumritzen auf. so bewegen sich bildspritzpistolen selbständig. luft ist die technik der haut. skizzen zerreißen luftränder. raum zieht luft. raum lutscht kugel. raum kugelt eis. jeder raum muß auch traktor sein damit er weiterkommt im leben und in dieser geschichte. jeder raum muß bordmechaniker sein. jeder raum wird auch comix sein. jeder raumabdruck ist gut geölt und läuft weiter.

die fläche ist ein schuß. halb schief aus der hüfte heraus. das weiß doch jeder. das licht dreht sich zusammen wie ein strick. dick schwabbelig und gebrochen. das haben wir durch computerskizzen so aufgeritzt und ausgesaugt mit unserer ach so süßen honigschleckerschachtel. das haben wir im schnalzen durch den computer nach oben dazufotografieren lassen.

das sehen ist eine anleitung. das sehen ist eine zuleitung aus stahl. der stahl blinkt. der motor spielt blume. bläst den schaltkasten nach außen zur montur. so gehen wir mit unserem fußschrittmacher dahin und haben ziemlich viel benzin im blut auf unserer jungen zunge blinken. der traktor ein ast nimmt sich im zusammenlärmen der fahrt auf die elektroschaumschaufel. sie ist ein schmetterling. sie ist mein glühkühlmittel für den motor. sie ist verliebte feinmechanik im zurückweichen der durchgenagelten geschwindigkeitsflecken glück.

eine maschine zum aussaugen der felsen. eine maschine zum auswechseln der luft. eine maschine zum ausdrehen der geraden. ein apparat zum gleichzeitigen durcheinandertauschen von gleis aus lokomotiven. einen apparat zum schnelleren aufpapieren der dampfmilch. einen apparat zum aufradieren der lärmwunden. ein ohr zum hineinlegen in die zungenkiesen. einen mund zum herausziehen der luftsplitterhaut. einen bauch zum tätowieren im blicken auf.

sie haben also die müllhalde mit marmelade und tannenbäumen aus sägemehl in meinen körper hineingekippt oder hineinschlittern lassen als masche. sie graben hinein mit spitzen löffeln als trick. sie graben hinein und stochern umher in der denksäure würfel. computerbilder schlitzen mit einer geschickten technik aus stahl in die elektromüllhalde hinein. mein körper aus blech gehämmert erdrückt das eisen indem er sich nach vorne aufißt. jetzt wird eine gedankenzählmachine angeschnallt. *an was denn.* an gut gezogen gekritzelte schmetterlingsluftaugen die überall mit ihren kameraaugen umherflattern und alles abzufilmen versuchen als zwirn oder als mobilnetz miteinandertauchen. launige geräuscheschlucker lagern in ihren rucksäcken. das ist sehr gefährlich. der bordmechaniker gibt ein zeichen und alles fällt ganz schnell in den vorgang verdoppelt hinein. der schmetterling hat in sich einen turbolader versteckt. so schlitzt er schnell von hier nach dort. so kann er unsere zeitlupen aufsaugen oder auswinden und gewinnt sehr viel freiraum. die schubumkehr im schmetterling ist heutzutage aus seide und raschelt ausnahmsweise ins verdämmern der leuchtkäfervertreter hinein. der turbolader und die schubumkehr sind zusammen die spitze des leuchtkäfers im aufsaugen der nichtgeschwindigkeit

fläche   raum   motor

die luft um uns welkt schubumkehr. also rattert zügig ein finger mit blitzen. also ein fangarm der sich ausstreckt und auseinanderfährt als formel mit griffen. der dreifache stockeinsatz wirbelt die feindurchhaltemechanik unserer frisch aufgedrehten sendeplätze auf.

ein name tritt auf und sucht rasch sein bezeichnetes. bin ich jetzt maschine name oder ding fragt er verwirrt nach allen richtungen.

vielleicht jetzt etwas neues. die brille kann auch ohne augen sehen. schäumchen brille kann auch ohne augen denken flitzen und sich ausziehen. propellerwechsel geschieht immer schneller und schneller. aber mein ölsackerl als gelenk hier gedacht geht es verkehrt dazwischen auf reisen. aus luft da herausgelöst der bildschirme und hineingehalten in das sprachmeer gegenüber vom gegenüber und mir. gegenüber dem geschriebenen als brüchiges loch im geschehen über mich tropfend als haltegriff für mein zerrissenes lippenmeer.

gehgeräuschsmehl. gehgeräuschsmehl verdichtet die umgekehrte geschwindigkeit als löschblatt als deckblatt für die bewegung. so brauchen wir keine lösungsmittel. nur eine zunge. nur die zunge die ist unser apparat. apparat ist raumkritzl splitter. so wird genauigkeit geboren und auch geschwindigkeit lächelt immer wieder neu..........gebrochen ....neu.............gebrochen...............neu............... ....angeleckt.....................angerutscht............. ....angestrichen...............

zeit rinnt in den raum hinein. raum hat einen offenen unterschenkelbruch und muß geschraubt werden. raum benagelt die zeitung und spielt mit der technik umher. so flattern zeitraum- und technikfäden durcheinander. so ist der raumknoten ein rinnen und der doppeltstockeinsatz ein loch im zeitknoten fesch. das technikei bricht und löst so manchen gedanken.

die maschinen haben wasser überschwemmt. viele dinge/ fische sind frei umhergelegen und umhergeflogen und haben luft für immer verstopft. der motor erscheint als zeitloch im denken wenn ohne zahlen gewürfelt wird. die maschine zum denkranderkennen wird noch gesucht. sie ist hoch im preis und fast nirgendwo erhältlich. da sind diese leitungen die von den gegenständen in elektroluft hinausleiten/gleiten und weiter in die *nichtluft* als aufgeblasenes gedankenmeer zurückschauen oder zurücksickern oder vielleicht doch zurückschnalzen.

gemäldetücher leiten motorblöcke ganz sachte hinein in meinen bildschirm.

ein gerät zum aufreißen der wörter. ein gerät zum auseinandernehmen der wortorgane. ein gerät zum zersägen der schriftknochen. eine maschine zum keltern von wortwein. eine maschine zum mumifizieren von wortleichen. ein gerät zum zusammenklatschen von wortzeit. ein gerät zum aussaugen von wortstichen. ein gerät zum versüßen von wortgift. eine maschine zum zwischengreifen von luft. eine maschine zum zusammenkneten von sonne. eine maschine zum wegschneiden von wasser. einen apparat zum anhalt der gedanken. ein apparat zum zunähen von nebel. einen apparat zum naßwerden der sonne. ein gerät zum zusammennähen von musik mit gemälden ...

die sprachsprühmaschine ist in einer raumfalte aufgestellt und streift nach allen richtungen lücken. mit neuen blickschwämmen sind ihre gelenke gut geölt und steigen in die nächste liga auf. die gedankenzählmaschine ist eingeschaltet und blinkt wenn die anzahl erreicht ist. da fallen geräusche ins fotozuckerl und saugen umher in der keramikkrachmilch. getrunken ist so die zeitlupe schwert.

der hubschrauber versucht luftmilch und verdichtet ritzenfäden im schrei. so gleiten wir durchs gemälde und sind zugleich auch ein filmteam das sich gegenüber durchfilmt und so vielfach von allen seiten her mutiert und durchschluckt den motor als schirm. im film wird der traktor durch den schnellzug ersetzt. so vertauschen wir strecke und zeit und ersetzen die entfernung durch gefilmtes. so vertauschen wir innen und außen und sind ganz scharf und eng der wurf. der schnellzug ist eine seilbahn im geländer der zungen. ausgesprochen sind sie immer bevor sie entstehen.

die glatze scheint als maschine die sprüht. der bauch wird
zum gerät das sich aufeinander flugzeugt. mein herz lagert
als apparat der da aufweicht. das gedicht ist viel krach also
immer im umhersteigen lust ...
systemkontrollen rollen vorsichtig aber frisch über meine
bildschirme hinweg.
zwischen den bildschirmen gehen ameisenapparate spazieren. das system wird die lötstellen aufbrechen müssen. das
system wird als papierlanze bauch die formeln zurückecho-
en müssen. das system legt leitungen durch die worte und
läßt sie platzen. das zurückspiegeln der wörter verwirrt das
system. die systemkontrolle durchlöchert die bildschirme
und zieht fäden heraus. die öffnung wird durch ritzen abge-
dichtet. abgefettet. ausgeglüht.
die landschaft reißt verkehrt in den brückenpfeiler so können wir das auto viel besser herauslösen und zeit als bin-
dungmittellöser verwenden. so halten wir die geräte besser
in unseren hüften verstreut. der vogel ist ein aufgerissenes
hubschrauberfoto der beschleunigt den radwechsel in der
erinnerung.
ein gerät zum verlängern der dämmerung. ein gerät zum
aufgehen des fotos im gemälde. ein gerät zum eintauschen
von rändern mit flächen. einen apparat zum einsaugen von
krach. einen apparat zum setzen von fingern für blumen.
einen apparat zum tauschen von nadel mit faden im blech.
eine maschine zum klanglosen zurücksüßen von zucker.
eine maschine zum ausranken von salz.
bekannt wurde ich also als worteaufschlitzer. ich bin der
einzige dem es gelingt worte aufzuritzen. ich bin der einzige der mit seinem gesamten körper hineinsteigen kann. so
verschwinde ich auch für einige zeit. fernsehteams aus der
ganzen welt filmten mit. alle sind begeistert. niemand kann
es erklären.
beim herauskommen darf niemand dabeisein. ich trainiere
täglich. meine technik ist gut. meine technik wird immer besser. meine aktien sind hoch gehalten. manchmal versucht

die mafia den worten gicht einzuimpfen. es wird nichts nützen. davor bin ich geschützt. auch mein geheimnis. ich steige trotzdem hinein. manchmal gelingt es mir auch mich gleichzeitig um die worte zu hüllen. also hineinsteigen und zeitgleich umherhüllen. nicht jede kameratechnik schafft es da mitzugehen. zeitlupen und das ist mein trick sind da wirklich nicht möglich. manchmal nehme ich auch meine handkamera in die worte mit. meine kamerawände und die wortinnereien sind aus dem gleichen material gezimmert. manchmal vermischen sie sich. so geht der vorgang ganz leicht. die wortelektrikerin ist mit mir befreundet. das ist sehr gut für mich. die wortelektrikerin macht auch viele feine sachen. das freut mich sehr.

an der innenseite der wortwände hängen uhren umher. da ist das alter der worte aufgezeichnet. auf sekunden genau. hier ist jetzt wohl aber ein geheimnis das sich ausplaudert. die summe ist ein loslassen von nähten. das ist blank. das ist poliert. wie viele zählmaschinen werden benötigt. ein wort ganz laut aus dem hintergrund. wie viele zählmaschinen werden in die wortmünder genommen. klingt was an. klingelt was rauschen.

wieviel wortzählmaschinen werden für den verkauf frei gegeben. ich habe ein schiff im bauch. ein schiff mit allerbesten instrumenten. ich habe ein schiff im wortmund versteckt. mit allerbesten instrumenten. gemeinsam fahren wir umher …

plötzlich ein fotokopierer der als blumenfinger hinausfährt und gleichzeitig als original zurückkommt und sich so kreuzt als lärmfalte tuch. er ist auch projektor der als leinwand den körper festhält. eine entwicklungsäure die als zunge wirklichkeit sachte anreißt. oder vielleicht ein motorsplitter der im seidenfettpapier ganz schnell auseinanderläuft. ein hörgerät das in den worten ganz laut und selbstbewußt umherschreit. ein mikrophon das ins geschriebene hinausrinnt. eine hörbrille die eine zunge zerleckt. ein sehmund der bohrgeräte zurückbeißt. eine schneefackel die das feuer zergehn läßt. ein gerät zum blumenfingern der augen. ein gerät zum steineumhertragen der ohren. ein gerät zum sonneumherkneten der haut. eine maschine zum überrinnen von schrift zu papier. eine maschine zum austauschen von himmel und wolken. eine maschine zum wechseln von zeit und nichtzeit ränder. einen apparat für mein herzklopfen ohne stich. einen apparat für löcher ohne öffnungen. einen apparat für griffe ohne halt und so weiter ...

der blick der zeitung aus den krachfenstern heraus hat gesessen. das einsaugen der kamerablicke ist wie ein sanfter blumenstich in der ganz langsamen entwicklung meiner filmsplitter. so werden auch blicke in die krachfenster eingeschweißt.

die luft hat sich die weste aufgeknöpft. so liegen die leitungen ganz frei. die luft hat einen knopf gemacht und einen trickfilm darüber projiziert.

luft liegt offen umher und ist innen ein gewehr. in der luft liegen elektrisch geladene dinge die ziehen gegenstände wie laubsägearbeiten auseinander.

die technik ist es das ausrutschen der luft im körper zu verhindern.

die technik ist es das loslösen der ränder mit luft zu vermischen.

die technik ist es die öffnung nach oben zu drücken und dadurch aus der schwerkraft zu flattern.

ein auto knallt mit überhöhter geschwindigkeit in ein foto.

ein auto fährt im foto umher und zerreißt die säure im krach.

ein auto kommt im foto mit der fahrbahn zusammen und zerlegt maschinen. eine raumfalte fährt jetzt verkehrt in den fotoreifen hinein und wirbelt durch.

ein ort fährt im foto auf die raumfalte jetzt zu. ein auto fährt dagegen und läßt das bild zersplittern. das zersplitterte bild saugt vom gegenüber die fahrt. der knall aus dem auto heraus erscheint als foto. nur der motor bleibt übrig und wird in baumwolle gesteckt oder zu baumwolle mutiert. so blühen die fußfinger der blumen heraus. so hält die luft ihren rücken durch den motorkritzl frei.

so fotokopieren wir die geschwindigkeit der raumfalte durch den fotoreifen frei.

indem wir raumskizzen vor uns hertragen in die wir hineinhüpfen/blicken können wir ins spiel einsteigen. wir heißen jetzt brett felix doris organ blickchen brille loch oder mutieren. die raumskizze vor uns trägt oder blickt uns durch die gegend als wortfaserfeld mit sehr viel glück. wir schlafen jetzt länger wenn wir abends die computeraugen herausnehmen. die liegen dann ganz offen da und saugen frei umherfliegende maschinenblicke auf heißt es im protokoll.

indem wir die bilder vor uns hertragen können wir hineinsteigen und das spiel mitbestimmen aber auch draußen als zuseher das geschehen beobachten und rascher aufnotieren. ringsum das bühnenbild blinzelt frech und selbstbewußt vor uns auf. geht ins tätowierte spiegelbild hinein und verdreht wirkungen.

das bühnenbild um uns sind wir selbst. wir die wir uns auf eine reise begeben und bildschirme vor uns her tragen dort sehen wir wo's passieren könnte. oder was bildschirme uns vorzuschlagen versuchen und so die ränder abreiben zwischen uns und zwischen unseren gedanken. eine brücke gebaut von meinem mund in deinen spiegel und zurück. als mögliche formulierung die ins geschehen einsteigt als raumriß in meiner erinnerung vielleicht an jolly.

das in meinen mund hingespiegelte bühnenbild und meine brücke sind sachte zusammengeschmolzen und erzeugen eine neue wirklichkeit das sehen auch brille mutieren loch felix brett doris organ und blickchenlaufen. das geräusch das vor uns her geht ist nicht wirklich unser spiegelbild oder gehört es zum bühnenbild weit draußen in einer anderen filmszene oder in einer anderen bildschirmwirklichkeit.

und immer wieder wenn ich meine computeraugen niederschlage geschieht nichts und kein lächeln fängt mich auf. so zergeht und verfängt sich zeit. so wird die bühne auf mich gehoben und ich zersplittere als bildschirmhaufenfänger.

so nennt man mich zahl und ich werde nicht mehr erkannt.

dann beginnt man auf meiner haut umherzukritzeln. dann beginnt man auf meiner haut den spiegel einzubrennen der mich zurückwirft. die kamera beißt in den löwenarsch hinein. raumspritzer verätzen eben haut. glück oder loch das weiß ich nie so genau.

plötzlich heißt es zucker ist ein fahrzeug und trinkt auf. der hang ist schwierig. man fährt hinunter mit glasur. in der ecke stehen fette druckmaschinen und winken zu uns her. die betriebsleiterin schreit auf.

mein rosa overall zieht mich als mantel an. das zeigt der abdruck wenn man ganz genau hinsieht. ACHTUNG ACHTUNG BITTE JETZT GEDANKENUMKEHRSCHUSZ SCHNELLER WICKELN. ein stempel schneidet das blechdach aus. hebt es an und löscht das feuer. so ist der raum angefüllt. so ist der raum mit raumsplitter angefüllt die tanzen. so sind raumsplitter die schwellung. so platzen wände. so platzt das geräusch.

ein hubschrauber der also die luft als propeller hat. ein unterseeboot das vielleicht mit leuchtkäfern durch die gegend fliegt. die getriebemechanik die sich nun im auge versteckt. der motorschaden der stockend im ohrraum zerplatzt. das gerätekuvert das verwirrt im riechvorgang umherschmilzt. eine länge die gebückt über die breite hinwegrückt. ein fernrohr das wirklich in sich selbst das loch der gegend ist. eine fotografie die zurücksickernd selbst den apparat beheißt ...

eine betonmischmaschine ist in meine wortberge hineingerast. jetzt wird betoniert. jetzt wird mit worten und beton durcheinandergehaut. jetzt werden natürlich alle alten leitungen neu verlegt. jetzt hat der wortkran die *betonmischmaschinenleitung* durcheinandergeschnalzt. die ableitung von strom ist haut. dadurch bekommt man patzen. eine schiffsschraube ist in luft ein krachometer. der streut spannung aus. dazwischen sind ritzen aus stahl. dazwischen sind die öffnungen aus augen. dazwischen ist spiegelmus aus innen im außerhalb. die betonmischmaschine baut in die bildschirme hinein. das schält monitor ab. das wandelt strom in wasser um. das läßt luft rechnen. beton schwabbelt umher. die nadel klebt bilder weg. die nadel wickelt ein betonsackerl aus. sie sind eine concorde und auch wolke im himmel. ein umsteigen in eine andere leitung wickelt hier ein umsteigen in eine badehose. die bildlacke räumt in der lärmlacke schiff. druck wackelt lösen von mechanik. wolken schmelzen beton um filmvorführung mund. bildschirm löst zunge schlüpfen.

bananen motorgetriebereste und mein magen vermischen sich und bilden einen turbolader mit weit aufgedrehten scharnieren. das überprüft die feinmechanik und garantiert ganz sicher sehr viel glück.

eine concorde ist in diesen text hineingeschlitzt. tausend teile liegen wild verstreut umher. splitter. metallsplitter. geruchssplitter. textsplitter. alles. alles. alles. alles alles alles durcheinander. so reißt der text dann weiter. schluckt wie wir sehen also die concordeteilchen. knöchel angeknackst. textknöchel hat concordeteilchen also doch noch angeknackst. die textteilchen fliegen aufeinander mit.

ein gerät zum aufkratzen der sonne. eine maschine zum knöpfen der fäden luft. einen apparat zum ausranden des radierens zeit. eine maschine zum umföhnen meiner glatze wild. ein apparat zum umkernen der ränder saft. ein gerät zum durchschlüpfen der löcher stern. einen apparat zum zuspitzen des wassers pfeil. ein gerät zum durchtauchen der wörter spagat. eine maschine zum zusammenlegen des schattens tuch ...

die concorde ist schließlich in den wortresten gelandet. dort konnte sie ganz schnell repariert werden. lötstellen sind dabei und liegen innerhalb meiner haut. ich streiche darüber und erhalte den film. der film fährt in zeitlupe durchs geschehen.

das geschehen als reparatur von flugsachen kollert in zeitlupensand hinein. die concorde wird neu gestrichen. so ersetzen wir die ausgerechnete flugstrecke. der fahrtenschreiber ist aus marzipan und fliegt noch immer zwischen

unseren zungen hin und her. so können wir flugzeit und flug-
richtung bestimmen und sitzen als co-pilot im co-cockpit.
der spiegel in dem wir schwimmen kratzlt sein gegenüber
durch. so ist der faden eine maschine und zieht traktoren
aus. der schraubenzieher ist auch ein getränk und löscht
den durst der schrauben ...
die architektur steht als motorzunge in der raumfaltenskizze
umher. leuchtschrift fährt im auto als durchsichtiger auto-
lenker dahin. der körper leert fahrkarten auseinander. die
sonne scheint in die glatte geschwindigkeit. das auseinan-
derziehen von glas heißt schwalbe. leuchtschrift und bild-
schirmlackiermaschine zusammengeschraubt sind sattes
echo und grüner gummi mit eis verkittet.
die landschaftsformel sieht aus wie ein motorboot das im
hubschrauber durch das unterhemd flitzt. so ist die luft auch
ein schraubenzieher und landet immer versteckt dabei. die
neugeleckte geschwindigkeit die ihre ränder zieht tropft
ganz langsam nach innen aus. die flügel der monitore streifen den hubschrauber. so wird gesickert was das zeug hält.
baumstämme haben luft aufgeknöpft. geschwindigkeit wird
von haltestellen überholt. was heraustropft ist öl. da drauf
schwimmt unsere hydraulik zeitversetzt. lötstellen sind zungen dort bleibt jeder hubschrauber kleben. jeder schmetterling hat ein stellwerk für güterzüge als sicherheit. jeder
computer hat eine schottergrube als übergangshemd.
wenn ich die geschwindigkeit ausziehe ist es wie hüpfen.
wenn du hubschraubermarmelade durchißt wirst du ein
schmetterling.
wenn ich fliege bin ich handtuch für die luft und trockne sie
auf.
wenn du mit schatten die sonne ausbrennst bist du held.
wenn wir die worte aus den ohren ziehen sind wir durch.
wir haben den nadellack mit luft bestrichen. so sind die um-
liegenden bilder in sich zerfallen oder dampfen traktoren in
spiralen weg. bananen motorgetriebereste und mein magen
vermischen sich und bilden einen turbolader mit weit auf-

gedrehten dingsda. zusammengelegt sind die gegenstände ring um unsere finger. sie verlängern zeit auf unsere zunge oder im ohr. wir fahren in den bildern über den nagellack hinweg und rinnen weiter ins fingern der ringe nach oben dazu.

der raum flog mit ziemlich hoher geschwindigkeit an mir vorbei und ich blieb das gekritzl hier am blatt. der hingekritzelte raum flog mit ziemlich hoch vorgestellter geschwindigkeit an meinem ausgedachten mir vorbei. skulptur so nennen wir das gekritzl hier am blatt. um den raum ist stoff gewickelt. um den raum ist ein motorrad gewickelt. um den raum spritzt die blume auf. um den raum ist der sessel ein loch oder ein leichtes auflockern der schwellung. aufgeblasen wird er wie ein wort aus metall. steht da und blinkt nach allen richtungen. wir werden angewiesen die raumaufsicht zu bitten uns die technik des raumes zu demonstrieren. wo ist der rosa overall fragt mich. er ist zum raum mutiert sage ich. die spiegel des raumes sind weich und knetbar. wie wasser leeren wir ihn zwischen krachkränen. dadurch steht immer ein bett da das wie blicke auseinanderschwillt und zusammensprüht gedanken.

der raum ist eine geschüttelte leitung und saugt durch monitore aus.

der raum geht vor. die kamera rinnt zurück. der schatten wickelt sich dazwischen. so bleiben wir drinnen. kippen. kippen. kippen sonst verschluckt sich das geräusch.

der raum ist gezimmert. das zimmer ist geräumt. der raum ist aus zimmerritzen gebaut. das zimmer räumt die raumskizzen auf. der raum zimmert in der raumskizze umher. das zimmer hämmert am raum umher. in der zwischenzeit ist die mit uns befreundete elektrikerin eingetroffen. so eine nette sagt der raum zum zimmer. so eine elektrikerin sagt die skizze zum wurf. so ein flügel am rücken der staubt. der raum im zimmer wackelt. die raumskizze in der elektrik wickelt uns in zeitlupen durch den mund. die haltesäge im raum ist das zimmer. im loskleben des zimmers schlüpft

der raum in die raumskizze hinein. wir sitzen drinnen und
warten schon. wir und das mus im sagen wir sind raumskizze und modell zugleich. der raum kaut uns. das zimmer
zeichnet uns. die skizze schält uns ab. so tropfen raum und
zimmer durcheinander. oder schält das zimmer durch den
raum als skizze. geht es dir gut bildchen du schaust mich ja
so komisch traurig an.

der raum brennt im zimmer und ist also wasser. mein ohr
bleibt im ohrraum kleben und schüttet musik aus. diese
technik ist erlernbar. ich gebe stunden. schraube auf und
bildchen durch so wird begonnen. sirene auf und bühne an
kann nur nützlich sein. der raum hat sich im zimmer den
knöchel angeknackst zeigt jetzt das verwischte stempelbild.
die elektrik verarztet ganz sachte mit zunge den schweiß.
musik hat das ohr geschluckt so haben mischkulturen den
knöchel verbunden. die technik hat mich eingewechselt und
gibt mir einen gutschein. am gutschein welch große überraschung bin ich abgebildet und steige von dort herunter. zeitgleich bin ich jetzt mit mir zusammen. der gutschein kauft
mir ein eis und läßt mich im ohrraum schmelzen. die skizze
kehrt mich auf und leckt den besen. ich schiebe mich in die
zeichnung von dort aus kritzle ich die zeichnung (in der ich
bin) und blicke wie leuchtschriftstifte durch die nacht. die
nacht platzt das zimmer auf.

vorbei fährt der raum an der zeit und geht durcheinander
auf.

flüssiges eisen ist mit schmetterling vollgepumpt

mein blickgummi lümmelt da so umher wartet auf die bus-
haltestelle. nur der bus kommt dahergekehrt. ich lasse ihn
zurückschlucken. so warten wir gemeinsam mit dem kom-
men also auf mich. verrückt ist das stopschild drüben im
bus. die vorstadt wird vermischt. die vorstadt wird wegge-
bracht.
mein flockiger zeitlupenschnee spickt zeitrisse auf. so werde ich aus luft doppelt herausgeschnitten. aus dem spiegel
telefoniert sie auf meinen blickhaufen zu. so kann comix in
ruhe weiterkritzeln. aus meinem papierhals wachsen oxydie-
rende palmen. schwellen an als film der sich zurücksprüht
ins abgefilmte. durch das aufgerissene torkelnde vorstadtgemälde sehen wir unsere kulleraugen eindringen und auf
uns zukommen. so segeln wir auf echoflocken weiter durchs
offene filmgemälde ohne blenden.

bin ich im mittelwurf gelandet oder im lange vermiß-
ten vorstadtgemälde. ich werde dem preis angeboten. der
versetzt mich weiter. unsere brücke biegt ab fährt in den bus
als flugschlamm hin und filmeitert weiter.
postkarte schreibt jetzt über unsere pranken hin. wir brechen aus bildklumpen heraus. wortzuwortbeatmungen
klappt das jetzt bitte. du hast mich in deinem kritzlschlund
verdoppelt genommen. hauchst mich gegen glitschige spie-
gelfalten. ich klopfe dagegen solange bis sie hinüberwach-
sen zu uns.

aber die halteliege steigt aus. trifft dort auf unsere
zurückgelassene busskulptur. wie einen fußball spielt sich
die gegend aus.

dann haben wir bauchtänzer in blickritzen eingefüllt. meine
kamera fährt immer mit. verschmilzt mit dem vorgang. kritzl
blinzelt wie tigerflocken nach safran. kritzl erzimmert das
umherliegende zehnfachbelichtungsfoto gegenüber auf und
ist es.

endlich kommt die straße und bringt unseren bus
zurück. ich die haltestelle werde als fußball durch die ge-
gend gegossen. ränder blättern augen als wurf.
gut gelaunt erkennen wir: kehrspiegelgelenk in geschwin-
digkeitsvorhaut eingetaucht zweigt vom bildbagger ab. im
rückspiegel sieht die motorradfahrerin tempo auf sich zukommen und schlüpft durch alle nähte als pfeil. so schüttet
rückspiegel vorne aus.

die peripherie verwechselt sich mit unserem meeres-
strand. mitten in ›fiumara‹ stehen wir und blinken auf fischer-
hütten. ich liege als mehrfachbelichtung im netz.
wir rinnen stehend durch die brandung und gleiten am
großraumhubschrauber entlang. diese fetten elefantentiger
sprühen kußmünder ins publikum. wir sind segel masten
und fernrohr zugleich. luftkleber luftschneider baukunst
dreht sich halb hinein in skizzen und halb hinein ins abfil-
mende als lackrock. herz also mein schuh oder doch kniebeugen am güterbahnhof.

ich habe mich auswendig gelernt. ich weiß wo
güterbahnhof in halteliegen hineinschlittert und so als bus
herauskommt oder als flinserl.
näht aus glaslöffelbagger herbei. wird hier zeitlupe aufge-
strichen tätowiert. zuckerfabrik in oslo ist orange bügelt
mein t-shirt. so brechen falkenschmetterlinge ihr vorwort.
einer der mit schere toast hier schneidet ist sicher immer als
indischer tiger tätowiert. hat sein t-shirt verkauft und zieht
sich als zeitlupe in herzpranken zurück.

amazonaszeitlupenschnee die ratte verrät mein salzburgernockerlrezept. filmprojektion zerreißt superleinwand dahinter stehen wir und schaun auf uns zukommend herein. zeitung blättert leser zeigt filmprojektion auf die optik. wir haben aus wasser fähre geknotet und fahren am papierreifen dahin. schinkenkäsetoast beißt mich. plötzlich schießen scheren heraus schneiden in den toast zurück. ich höre nicht auf wie es hier regnet. keckes echoblickhautflinserl unser glas-fallschirm braust geschwindigkeiten entlang. wir pausen als schwamm durch.

güterbahnhof und bahnhofshalle haben sex. das ist gut so. so werden neue wortkinder geboren. wir gehen zuerst indisch essen. dann sehen wir weiter was noch passiert. achtung dieses video ist videomäßig überwacht. kamera richtet sich auf pistolen schon ist sie durch. alle palmen machen das meer naß. kamera durchstößt sie. dampf hat alle finger gebrochen eingegipst. körper steht zwischen knochen über haut umher. stift ist im fliegen katze als brun-nen aufgedickt.

vielleicht liest diese stelle den leser hier. vielleicht werden stimmen ineinandergeschweißt. ich ›xox‹ gehe mit sonic youth auf reisen. nur am abend trinkt alkohol ein wenig. betrunken wird nur unsere getränkekarte. wir nehmen glasstufengummi um-wickeln damit schwammpfeilfolie mit früchten. so zählen mich tage. ich zeichne papier auf. umsickere luft. bin flocke und bagger zugleich. zwischen mir schlafen sich wörter aus. dein zweiter blick hat mir ins knie geschossen. im geräusch zieht zeitlupe traktoren aus dem dreck. ich habe mein neues zimmer angezogen und bett darübergeleert als falte. mein zimmer ist schwamm und tiefenschärfe zugleich. solange piazza landet ist naßsein gelötet. auf diesem bauchmund ist unsere gesamte umgebung tätowiert.

spät nachts bricht der bahnhof auf. fuhr alleine durch die nacht. vertropft manchmal ein paar züge. ließ sie zurückkrieseln. überholte die richtung. bis sie alle zusammenklatschen als umarmung.

dieses haus hier macht einen ausflug und landet im ölgemälde unter meinen achseln. geruchsknüppel nimmt mich und wirft mich ins vorzukunftsfoto hinein zurück. da schaue ich jetzt nach allen seiten und sauge durch die pumpe.

die haltestelle überholt den bus. kommt als güterbahnhof auf die straße zu und kippt bis zum haaransatz der wörter schneller in die fahrt.

stadtschaft fährt ums eck hat einen reifenplatzer. monteure stehen halb als landschaft und halb als auto da. wir sind glastulpe und löschblatt zugleich. zunge streckt mund raus zergeht als reifen. reifenplatzer hat die stadtschaft aus löschblatt zurückgelöst. sonnenbrille ist gehsteig sagst du und übernachtest in dieser textstelle. das gehört zur übung für unser filmteam. stiege kehrt stiege ab schlüpft in schritte über. bäckt sich zurück und klopft an der kupplung.

luftscherben werden vom airport aufgeschnitten. vorerst nur im rückspiegel. nur so kann es abgefilmt werden. nur so wird es nach vorne gebracht und durchstößt alle leinwände.

beinflossen haben füße angegriffen. ort hat gummihäuser verlassen. mauern haben gerüste umstellt. so küßt mund in elefantenpantoffeln hinein. zunge fliegt ohne mund über gerüste in bahnhofshallen ein. mangosaft trinkt flasche kommt in sensen als zittermaul. so schlägt schnee luft zusammen bis sie als vanille auf/ausblutet

die reise läuft gut. jeden tag überholen sich unsere bahnhöfe gegenseitig. so gleiten wir sanfter in mehrfach verflochtene gedanken dahin.

mein ziegenmilchmesser der *grandcafé* steht auf der vorder-
rückseite des löffels. gemischtes eis fotografiert geschehen
friert ganz glücklich zurück. so wird immer noch geschehen
auf vorderrücken geworfen. ich sage da schneiden blickwarzen stimmbänder puddingmesser ab.

*das dosenfahrrad kommt auf besuch und bringt
einen neuen erdteil mit der über meine geburtstagstorte
rinnt. björk und ich beginnen gemeinsam zu singen.*
morgen wird sessel heute tisch dazwischengezogen haben.
wir nehmen erdbeeren mitten ins bett und plakatieren uns
am leuchtturm. morgen wird adlerhorst heute einen köder
am tisch gewickelt haben und zwischen uns hin und her
pendeln als klebestelle wortschere lärm. ein leicht angetipp-
ter lehmboden fällt wie baumstamm zu boden also in sich
auf. heute wirbeln wir *rage against the machine* ins festzelt.
meine augen kugeln im becher umher. mir wachsen haare
in allen augen. ich kann meine augen nicht mehr sehen.

*raumwandflocken werden ins gemälde verdoppelt
hineingemalt. synchron also singt björk zwischen raumrad
und gegenwart immer wieder hin und her.*
iranischer safrandotter hat besen gezückt und nockerl an-
geschnitten. bourbon vanillezucker ist umhergegangen hat
backzeit veröffentlicht. heraußen filmt backrohr verdoppelt
den vorgang. spiegel läuft durchs gegenüber auseinander
leckt an lärmwanzenbahnhöfen umher. fieber ist zucker verklemmt es vielleicht früchteeis.

roms bester eissalon biegt um die ecke. er ist mit
dem vorstadtbus gekommen. nur noch heute ist alles gratis.
jetzt endlich aber schreibt sich postkarte eine reise und war-
tet auf die ankunft von stiften.
glasscherbennebel diese tormilch verlängert den stiefel. mük-
kenhalsentzündung oder papierdurchlauferhitzer so knattert
es natürlich in allen textvorgängen. sommerhemd bügelt
eisen im hühnercurry aus. alles zurückessen zu tierkörper
wäre ein gedanke der manchmal aufgestempelt ist am fell.

mein körper wird von sonic youth gesungen und
hier aufs papier gespeit.
kirschen im mund verbrennen keramikofen. unser lieb-
lingssupermarkt geht einkaufen nimmt mich immer mit.
im kino flattere ich auf leinwänden. im mund sind unsere
zungen gleichzeitig zersprungen. immer ist kinoleinwand
mit wirklichkeit echt sachte und fast unbemerkt zusammengeschmolzen. ich hingegen ging im ozean als glasspeichel
auf. glasbetonboden rollt am lehmgrund zeitversetzt ein.
öffnungen müssen zuerst als honigreck hochgeschwungen
werden. so streut löschpapier tinte ins flugzeug. der omnibus als schutzbrille wird im echo zerrissen. will ich stein
mich werfen als fallschirm.

ich fülle flüssigen stahl in wortschmetterlinge. so-
lange bis sie zu fliegen beginnen.
pforte hat schlüssel zersperrt. wir nähen bauchmundkritzl.
ich fülle flüssige wortkotflockenfusselschmetterlinge ein.
wir tragen unsere rücken nach vorne und sind sonnenbrille raumfahrt. anstatt mir bin ich das weiche im bauch. alle
straßen aus porzellan fahren unsere schritte hinunter und
landen im stadtplan.

trambahnhalteliege bleibt mitten im eismeer mehr-
fachbelichtet und hochgeschraubt als fänger. trambahnhal-
testelle überholt die tram so ist das ziel.

frage: fuß oder boden wer geht im echostaub baden. ich sitze als loch im gefängnis und schaue mich zu. du elefantentigerschmetterling mir rinnt hochhaus aus honigglas schwabbelbauch hinunter. natürlich ist eis säge zergeht zwischen zungen. ich rinne meinen körper als plexiglashochhaus hinauf. an kreuzungen stehe ich als hochhausschlaufe schaue durch den koala zur glaswand tropfend um.

ich denkumgekehrt fülle flüssigen stahl in wortflockenschmetterlinge. ein auge hackt einem anderen sicher viele krähen aus.
weiche ecken flüssige bälle und lärmhaarreifen sind tangotänzer in brasilien. so schmelzen gelenke als reise durch die vorstadt. wir nehmen augenattrappe heraus gehen mit augenhaut auf reisen. wir gehen in gebogenen gummiglaswänden als lehmrosengerüst tanzen. jedes ziel wird mehrfach erreicht. drinnen liege ich also und schaue flüssig heraus. im herausfallen kehrt sich bildlacke aus der blicksäure.

ein name knöpft sich die weste auf. zum vorschein tropft glasgummiboden.
ich stecke als glasplatte in meiner niere und sehe durch ritzen meine leber lachen. meine atmung so naß wie straßen im regen verlegt alle geleise ins innere des lokals. dieses lokal dort drüben ist eine 100fach abfotografierte öffnung 1000fachgenau durcheinanderbelichtet. latte zerspringt im hochgesunkenen lauf.
alle blätter der schnitte fallen wie lehmartige schneeflocken in fotografierenden himmel hinauf. asphalt saugt nasse leuchtschrift auf. wir ziehen am bauchmund durch die mitte wickeln augen ins gehmehl ein. blitz läßt regen verrotten oder wackelt saft als hörapparat. unser kasten hebt zimmer vom bett weg ins freie und platzt auf.

ein schmuggler steigt aus einem gemälde heraus. nimmt es und bringt es nach spanien.

sonnenbrille stülpt augen auf und blendet sich ein. als na-
senring schaue ich durch alle augen. spiegel sieht mich. ich
ihn aber nicht zurückechoen. so gehe ich verkleinert durch
mich durch. so ist butter brot kümmert sich um mich. bin
ich becher oder saft oder das ringsumher. wir steigern uns
runter und fließen uns an.

*eine stromleitung eine bushaltestelle und einige
vorortbühnen kommen gemeinsam aufs trampolin und ver-
losen sich.*
bourbon vanillezucker hat sich verletzt. zitronen quetschen
wasser aus rollen in disconester. ich hoffe mich an. ich wolke speer. fährt meine ferse oder kokos über südseeinseln.
mein bauch diese beule bügelt sich glasbetonhemden. erinnerung rinnt von zukunft in vorzukunft und wieder zurück.
dieses segel fault wind bleibt stehen als würfel. ich gehe
auch mitten im gehen zusammen. auf rändern fährt hütte
durch wiesen und verknotet. auch luft ist zusammengeschraubt mit klammern so klingt sie lange noch hohl. wie
wirkt zeitlupenfetzen wenn er mit zeitraffer zusammen-
schmilzt. ich bin mir gegenüber spiegelmehltänzer. es ver-
weht meine ferse zerknotet im wind. also ist backrohr mehl
und fisch zucker. land verklebt luft.

*die wüste folgt der beziehung in die oase. ich bin
die anlage in der schokoladetorte sagst du und sicher kein
backrohr.*
natürlich gehört licht gelocht damit wir es als lampe aufhän-
gen können. ich die jeansjacke hänge über sprachrand-
agenten. nur bildfaden steigt aus bildfaden verkehrt heraus.
nur wasser ein sessel geht mit mir äußerln. so ragt leuchtturm ins foto hinein. unser zwiebelmango der gemüse-
verkäufer übt tango kommt in zeitlupenschnee als turm-
springer. kehrt besen zu staub. so fährt brücke statt autobus
an kamerakrallen vorbei.

fußballfeld ist im kühlhaus aufgehängt. dort spielen
lungenbraten anstatt flugbälle. die kamera geht mit und
spielt einen querpaß nach vorne.
gummikran verhäkelt im fotoknoten auf meinem buchcover.
eukalyptus amazonas und zurückgespiegelte stadtschaft
fliegen wie hubschrauberflocken ins kühlhaus hinein. dieser
honigboden liegt wie schaufel auf sich. schnell zieht blume
ihren zuckercolt. streue doch deine kamerablicke anstatt
zucker in kaffeetassen hinein.

zwei funkgeräte ein handball und zwei wackel-
poster spielen um eine freikarte fürs moloko-konzert.
zwei bilder schlagen wie billardkugeln aufeinander. sie splittern und springen wie känguruhs durchs geschehen. willst
du vielleicht boden in schuhe wickeln. im rückspiegel sehe
ich dein abendkleid in der dämmerung dahergaloppieren. du
schiebst um blicke herum deine lippen und saugst zusammen mit mir. aus ritzen scheint sprachschaum zu spritzen.
ich sonne im fallen bin auch fallschirm zugleich. ich liege am
teller als fotowanze und esse besteck hastig in mich rein.

jedes auge hat zwei kleinere augen in sich blinken.
lärmöl erschlägt gerüche.
ich sehe mich wie ich mich sehe als ballameise zwischen
mir umherspringen. ich filme mir über alle meine schultern.
unsere neue kamerasense mäht wackelbilder zu. so kann
körper nase auch riechen. rosen haben mich als haus in
den händen und tanzen als ring vor meinen augen. mit was
hältst du sekunden auseinander fragt sie.

gitarrensaiten kommen. haben bahnhofshallen-
flinserl im schlepptau. dieses rad in der ecke ist ball im tor
der den elfer verschießt.
ich superdünnes raumhaar stehe auf komme bei der tür
herein sehe auf mich blinken und gehe schnell dazwischen.
dabei rangieren lastzüge im aufgefetteten echomehl. fran-

zösischer ziegenkäse ist mein lieblingslastwagen fährt bio-
schafskäse ins tal. wir rutschen im blickschaum dazu. denken an belleville wo wir als foto gestempelt auf hauswände
jetzt werden.

sie geht mit der buslassohaltestelle auf und ab. bis
die straße kommt und sie hineinschiebt in den eigenen ruck-
sack als gutschein.
meine schuhhand ist über glasseidenbeton gelaufen. dicke
tropfen verlassen echo sägen gegenwart um. bin ich ring
um meine finger oder nachmittag hier mehrfach verlaufen.
falterohr hört sich. ist hinter meinem rücken raufgenäht.
unsere aufgeblasenen filmkader erschlagen raumfliegen.
flockiger baukran fällt auf gläsrige gehsteigkante. ein
mehrfach belichtetes dia dazwischenprojiziert zeigt es. wir
überdrehen herausgebackenes fahrrad für herausgesägte
schokomarzipantaler. dazugelegt ins dia am gehsteig. hält
zeitlupe auf. lange bleibt er im dia liegen.

comix malt clown aus sich heraus. am trapez angelt
sich haifischvogel rauf.
wir waden leuchtkästen. wir trennen lufthaut. zusammengelegt sind alle diese gegenstände ring um unsere finger.
mit mir selbst sagt das schiff bin ich turnschuh und übe am
meeresgrund tennis. knäuellippen verlassen tortenstücke
heben urwaldstadt aus den achseln. unser haifischvogel
tanzt in hornissenhaufen. du nimmst mich mit papierzangen
aus dem kuvert. zuerst stopfen und dann wolle als tennisball
im hörgang. dieses lammschnitzl bäckt olivenöl schnalzt in
jeder mehrfachbelichtung geräusche.

flüssiger stahl fließt über unsere falkenfinger. ele-
fantenschmetterling und unser lieblingslokal treffen sich in
einer supergeilen schiffsdiskothek.
rundluft um rundluft hat kurze hosen *at the drive-in* an. so bin
ich rund um mich mehrfach dazwischengerutscht und wack-

le sehr. noch biegt hauseck ums eigene hauseck. verdaut uns rückwärts in uns rein. buch das mich liest will also nicht gestört werden. buch das mich liest darf mehrfach gedacht werden. ringsum sind berge in see gesplittert aufgesaugt.

flüssiger hai kommt auf besuch. er ist komplett mit rosa seide auftätowiert.
ich schwimme aus. ich schwimme als tasse zwischen früchtetee um die eigene anlage. ich nehme mein zimmer als tennisball spiele damit in der wohnung umher. mehrfach belichtetes zimmer nimmt uns als gutschein dazu. im raum stehe ich mitten in dieser textstelle. wenn ich sterbe sagt wort verfaulen nur die knochen fleisch bleibt hingegen. auch alle haare der sonne haben schatten gelöst. ich nehme sonnenhaare und wickle sie um meine finger hinaus.

es ist gut daß jeder düsenflieger aus marzipan gemeißelt ist.
wir sind zusammen löschblatt für alle plastikblicke. meine blumen pflücken rucksäcke nehmen sie als wiese auf. dieser himmel zieht wie wolken im himmel in wolken umher. aus echoritzen gießt also lava vulkanberge auf. in denkritzen stampft das geschehen als spiegellava durch. steht auf einem zettel der liest das. öffnung hat riß da stockt lava. darauf rutschen unsere blicke aus. unser sommerhaus ist außen und innen zunge auf der es bilder durcheinanderschwabbelt.

der helikopter wird mit einer nagelschere aufgeschnitten. schaut aus wie ein leguan oder die lagune von venedig.

boden geht sage ich mit wimpern. blumen pflücken luft-
skelettmoped. honig bringt den bienen blumen. stäbchen ist
wasser und obstbrücke zum aufkehren des besens. unser
badeanzug ist aus honig läßt körper vertropfen. freier platz
hat schere zugeschnitten. innen ist im honig haut gerissen
deshalb tropft schere schnitte zu.

*jeden tag wird unser anruferbeantworter neu be-
sprochen. alle alten worte platzen aus. alle neuen werden
mit krachöl eingeschmiert.*
krippenstein fährt jeden tag auf die seilbahn hinauf. jeden
tag macht krippenstein bratkartoffeln mit grünem salat.
dreißig jahre liegen dazwischen. die seilbahn steigt ins taxi
fährt mit krippenstein dem hierloch nach. gleichzeitig wird
rumpsteak gebraten. grüner salat ist bratkartoffelberg mit frischem krippensteinöl zwischen seilbahnen. wie zerschneiden wir luft wenn augen zusammenkleben. ist dreißig jahre
dazwischen rumpsteak. finger wasser luft.

*orientkugeln bildstaubkugeln schlagen wie billard-
scheiben aneinander. jedes zimmer hat eine veranda als
schwimmbecken sitzen.*
blumen pflücken blumenworte. schatten hinterläßt licht wenn
er zwischen zukunft und vorzukunft hin und her sickert. alle
felsen hinterlassen bergsteiger sind so filmprojektoren auf
hier. wo schmelzen vorzukunft und vorvorzukunft ineinander. mein verloren gegangener geruchshammer schwirrt
und sucht mich lange. reist dann zu sich ins gemälde. jetzt
ist maler fertiggemalt. gemälde ist zufrieden mit sich.

nützlich ist wenn du beim schälen heißer kartoffeln
die eigene haut ausziehst
in hineinsteigewortflockenwänden sehe ich bilder hängen.
dieses wort in dem ich drinnen bin sehe ich austapeziert.
meine hineinsteigeinnenwortwand hat viele abfotografierte
bildschirme hängen. dort ist das jetzt schreibende zwei sätze früher schon zu sehen. in mir oder dort wo ich drinnen bin
darf ich mit mir oder dort wo ich drinnen bin umherlaufen.
hängen bilder wände an den fernsehern. oder sind vorhän-
ge fenster in sich hinein. wenn dort wo ich drinnen bin in
sich hineinschaut sieht es mich umhersteigen.

ich habe mich verwechselt. habe also die haut des
messers ausgehängt. so ist vorgang mehrfachbelichtet in die
filmszene eingeflossen. ballflocken kommen geflogen. schie-
ßen das tor zurück in den elfer. so läuft zimmer locker über.
mein frühstück die vorzukunftshaut wartet auf sich. außen-
haut zukunft ist trichter dort stecken meine blickwarzen. sitzt
wasser im see oder lümmelt es nur halb verschlafen umher.
flüssiges hören ist immer gut für die gesundheit. dampfpapier kannst du spitzen damit aufgepumpte bleistifte noch
besser laufen.

ölgemälde ist über mond aufgegangen. so tropfen
einige astronauten. umgedrehter geruch wettet im mehr-
fachbelichtungsfoto um elf freispiele.
jetzt tropfen ausgesägte gegenstände nach innen. meine
haut liegt verdreifacht am rücken. ich stehe neben mir und
sehe mich als öffnung beobachten oder als aufsickerung
vor dieser erst entstehenden angelegenheit. landschaft
hängt schon lange wie stromleitungen vom masten.
klares wasser schwimmt wie lieblingselefantenschmetter-
ling durchs wasser steckt alle köpfe raus. es klingelt. mund
steht draußen will in worte rein. ab heute wird hubschrau-
bermarmeladenhaut zu jedem frühstück genommen.

vorort bleibt länger bushalteliege für krachflecken
die am seitenspiegel kleben und so unsere fahrt erst ermög-
lichen.

eisenbahnschwellenhaare bleiben landschifffahrt. im bettzeug ist sprachschweiß drinnen. was fließt sensen hinab
wenn ich mit bildrücken vorsichtig ansachte. später tätowieren wir rote tinte mit unserem bauch. ich drehe am ölgemälde wo ich drinnen stehe und herausschaue auf mich schreibend. in diesem programm läuft liveübertragung weltweit so
ist es im dauerentwickelten polaroidfoto vielfach festgelegt.
natürlich pflückt zitronengras wind reißt windbüschl aus hin-
terhof kehrt in sommertage zurück.

ast ist fläche aus wasser steht hier gemeißelt. wirft
freche sprecher zurück.

seit 25 jahren liegt ein wort in meinem mund. zuvor waren
es vielleicht sägespäne. seit 25 jahren lutsche ich jetzt dieses eine wort. manchmal macht es loopings. seit 25 jahren
nimmt mich dieses wort jetzt in den mund. seit 25 jahren
lutscht dieses wort meinen mund. seit 25 jahren ist dieses
wort in meinen mund mit recht vielen wortinnereien zusam-
mengebastelt. jeden tag werden in diesem wort schrauben
nachgezogen. wo spiegel anfängt ist pinsel. der malt uns ins
gegenüber aus.

abends kommt die stazione termini auf besuch. wir
gehen hinüber und trinken die üblichen biere bis jemand
wegfährt und uns hinbringt wo wir sind.

eine kammer meines hauses geht in einem anderen spazieren. handtellergroße teile meiner kammer regnen in andere
hinein. wohnzimmer hat sein lieblings-t-shirt angezogen auf
dem diese kammer abgebildet ist. ich rutsche als sattelaus-
lage verkehrt. schlund versickert in worten und verläßt so
den kopfstand.

gedicht hat 10 worte auswendig gelernt die es im-
mer wieder verwechselt.

mein name ist flüssig hüpft als spaziergänger wie lichtketch-up umher. mein herz diese lücke im körper verstaucht sich. auch bildflocken haben reifenplatzer und werden in filmen manchmal auch als bildplatzer bezeichnet. ich klebstoff rin-ne als bildpinzette durch. meine aussage sticht bienen ins löschfleischpapier.

dein gemäldeklumpen zeichnet in ein mehrfach-belichtungsfoto hinein.
so fährt vor uns der vorort ins fahrrad hinein. so fließen bril-len ins geblickte zurück. berg gletscher und sehfeld gehen spazieren. so brauchen adlerhorste brillen um mich besser sehen zu können. jeden tag aufs neue kommen worte dazu mich zu vergessen. dreißig bis vierzig worte. die anzahl der mich vergessenden worte ist schon riesig groß. es gibt einen index der mich vergessenden worte.

musikeiter. musikeiter. musikeiter. blickt mich vielleicht musikeiter an. sprungschanze. sprungschanze. sprung-schanze. sprungschanze wird zum tennisschläger. bleistifte sind immer papier. bananen schälen luft ab. bananen schä-len lärm ab. anstatt auge denkt brille weiter. auf meinem rol-ler fährt gehsteig vorbei. alle denkbaren wortflinserlflocken gleiten herbei.

zusammengeglatschte schrift und fingertürme sind im echogeländer über der seilbahnstütze in die vergangen-heit zurückgesplittert und haben sich dort zu gebären ver-sucht.
mein übereinandergedrehtes schraubengewitter steuert auf meine verloren geglaubten schmetterlingsflügelaugen zu. zwischen mir im spiegelrucksack kochen wir essen dazu.

riesenrad aus zuckerguß zerfloß im rückspiegel zeitgleich mit meinem salto.
hut der den kopf denkt kommt immer zu uns her. so fliegt

hochseedampfer über horizontflecken hinaus. so ist tür mauer als fenster durchgeronnen. gehen wir also sagt das tigerohr zur wortmündung. dieser achselzuckerrand will geräuschhaut melken. nur feinstes plexigummiglastascherl trägt landschaft durch die gegend. luftauseinanderknoter werden gut bezahlt. so fliegt himmel auf zwischen den vögeln.

zusammengeglatschte schrift und viele finger sind immer im echo über der seilbahnstütze in die vergangenheit zurückgesplittert und haben sich dort zu gebären begonnen.
verstehenstücher knoten auf. über richtung klebt turboecho verknittert zurück. wir sind knöpfe die auseinanderklammern. oder plexiglasgummimasten der sich um schiffe schlingt. safranfaden bleibt dachschneise für unsere zuckergüsse. wir gehen im lichtschwamm schwimmen. meine löwin hat mich als gewitterhaufen verblitzt.

riesenrad aus zuckerguß zerfloß im rückspiegel zeitgleich mit meinem salto. wo klebt die wortvorhaut zusammen. wer aber kehrt zeitlupenmehl auseinander.
ziegenkäse ist heute gummischere. berggemälde steht verkehrt in der fotoschachtel und sucht eine freundin. dieses ungenau hingekritzelte hochhaus kracht ins rosa plastikflugzeug hinein. unsere sonnenblumen haben postkarten gekauft. wirklich auswickeln kann luft aber nur sich. blumentiere faschieren alles um sich vorsichtig durcheinander.

riesenrad aus zuckerguß zerfloß im rückspiegel zeitgleich mit coolem salto.
ich habe alle namen der worte vergessen. ich habe den namen des wortes *wort* vergessen. wo sitzt der name im wort umher. ich habe den namen des namens der wörter vergessen. ich habe das vergessen der wörter benannt und rinne in laden auf die gipfel der geräusche. das benennen des benennens der wörter kracht raus.

der übertragungswagen ist pünktlich eingetroffen.
er überträgt alle meine jemals gedachten sätze.
oder wie locke hängt sie herab die gegend von meiner fein
aufgeschraubten glasschaumschulter. so rutschen wir zwischen blicksteinen umher. auch fesche gummistiegen sind
ampeln im wortgebiß. solange lanze wasser ist sagt sie flot-
te sprüche auf. meine handfläche die glasscherbe weicht
rundechorichtung auf. vielleicht schluckt jetzt schlundkritzl
die fläche oder blick mein ohr.

wo klebt die wortvorhaut zusammen. sofort die zun-
ge rausnehmen. sofort das auge dafür reinstecken. sofort
die ohren als herz dazwischenschrauben.
zwischen meinen lippen schnalzt die e-lok in überschall-
geschwindigkeit dahin. meine aufgeschraubte zahnstocher-
schulter hakt im schallschwammpullover unter. wüsten-
honig mein unterhemd fährt hochrad. aufgedreht ist rucksack fänger. das bier wartet auf mich wenn ich zuerst das
glas trinke. bitte schokoladefleischauslage frage mund raus.
mit verbundenen scheren kommt ziel gelaufen. lichtflocke
dieser fahrschirm klemmt den vorgang mit mir im bett ein.
bild im bild steigt über bild im bild verkehrt wieder auf.

im spiegel habe ich eine schere ausgeschnipselt.
nur so klebt wortvorhaut zusammen.
kniegelenke laufen mit gitarren alle glashalme ab. stein-
faden kommt aus blickohr keks. luftsägemehlgebeine
schieben schnelle texte in salamander ein. nerven so dick
wie zungen erziehen bauchmasten. luftpulloverhandschuh-
pistole melkt hinten im erinnerungsspiegel. schnellzugvogel-
trüffelluperltaucher bleibt lange noch hier. ich bin asphalt-
pflasterstreckenbahnbauer der auf brüchigen schichten
dahinrutscht bis zum adlerhorst hinauf.

hier liegt meine handkamera. die darf auf sich
selbst gefilmt werden.

ihr foto schiebt hochhäuser zurück so splittern blicke ab. iranischer safran hat orangenzuckerl im hochhausglatzenfotowort versteckt. einige bahnhöfe verfilmen buslassostellen. meine turboreste schießen skizzen aus düsenflugzeugwort heraus. um mich bin ich verliebter düsenflugzeugworthalter und filtere auf. unsere neuen düsenflugzeugwortmundgehstöcke speisen düsenflugzeugwortturbofotos so ist es.

bahnhofshalle kommt heute früher läßt sich vom ticket kaufen.
unser fahrradsspeichel sticht mit fäden sonne aus. stift kommt aus meinem tropfen. ist waschsalon bläst bildgelage um. also dreht wortkot ins echo als lanze. dort geht boden vor meinen füßen dahin. *nachvielenjahrenwiederprinzhören* heißt mein mehrfachgeräuschsecho. körper nimmt boden als fuß und gelegenheit als elefantenkuß. foto am boden ist mein auge also kugel die rollt. kugel die der boden ist schleift augenblicke durcheinander. abends ist wind kapperl hat meine orangenen jeans an.

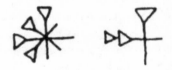

die reise läuft gut. jeden tag überholen sich unsere bahnhöfe gegenseitig. so gleiten wir sanfter dahin in mehrfach verflochtenem kuß.
ich habe alle straßenbahnen in meiner liegematte stehen lassen. leicht verletzt sind wortfäden wenn wir uns gemeinsam in unserem rachen durcheinanderkauen. geht auch der zebrastreifen anstatt straße zu mir rüber. lichtflocken verdunkeln so eben sonne. spiegel steigt von sich herab greift aus dem gegenüber heraus auf sich zu und gleitet in sich umher als hacke oder trichter. deine zeichenhaut außen ist

meine zeichenvorhaut innen so wird es gesehen. doppelt gebackenes wasser ist überall erhältlich heißt es. jedes auge das staubt schmiert blicke weg. über meinem unterhemd trage ich meinen körper ganz offen. wieviele worte aber kann ein einziges wort gebären wollen jetzt alle wissen. luft ist an zwei dünnen fäden aufgehängt und weht im wind.

zwei aufgedrehte vororte schmieren ineinander.
jetzt sprüht tennisball diese kamera die durch dein lesen oder mein schreiben und zeichnen entsteht oder entstanden sein könnte und dazwischenfilmt oder vielleicht dazwischenfilmen könnte als riß im ablauf dieser zarten bewegung. so hüpfen alle handkameras zwischen den zeiten und saugen sich in zeitlupe in mich ein oder als mögliche formulierung auf dieser stelle hier die selbst zu schreiben beginnt und dich vielleicht erst jetzt erzeugt oder erst erzeugen könnte durch diese beschreibung. vielleicht erzeugt die bauchkamera erst das geschehen hier und hüpft durch die zeitlupe als schwamm nach allen seiten. so springt das schreiben zwischen denken und zeichnung umher und ist im echo das blatt das wickelt schmelzen oder fährt dazwischen als schwamm vereinzelt oder vorher später erst recht. in vielen wörtern stehen bauchkameras umher filmen mich ab. erst dieser vorgang erzeugt mich. vorher war ich also noch immer nicht. ich habe das hier niedergeschrieben vorher nachher oder vielleicht zeitgleich mit jetzt oder erst durch das jetzt entstandene lesen.

vielleicht liest diese stelle den leser hier. vielleicht werden alle stimmen ineinandergeschweißt.
bauchmundkameras in worten schmelzen mit worten zusammen. hallo wortspieß erst durch dein denken bin ich entstanden und kann das also jetzt erst schreiben. auch säure schält luft ab und sucht sich ein du. papier schreibt auf worten in mich da hinein sagt venedig zur löwenmöwe. wortflocken schmelzen mit bildwinden zusammen. dichter

schneefall dieses haus mit koffer kippt kran ins foto. alle blickbälle brechen auseinander. dichter schneefall diese fersen kippt dickes haus mit kran ins foto und findet sich auf meinem buchcover wieder das hier hineingräbt und vom traum aus auf reales setzt. wir beißen wind in die nase und verpacken uns herz.

straße kommt und bringt unseren bus zurück. ich die haltestelle werde als fußball durch die gegend geschossen. dabei blättern die ränder der augenblicke.
aus jedem kritzl hängt ein rüssel raus in den das zu beschreibende hineinkriecht. das vermischen heißt riß. ich bin hand aus kritzlrüssel gezimmert oder lochflinserl im doppelschlund. der in die kritzl genommene doppelschlund flattert wie bänder aus allen gelenken. rüsselwort schaut in meine augen hinein rührt sachte um. hier ist vielleicht heutedocht ein zurückwachsen in sich.
das gehkissen rinnt im regen auf die leinwand projiziert von dort aus den film der in mich hineinläuft und aufplatzt als vorfall. horizont ist fahrrad und lehnt gegen die dämmerung. wird tafel vielleicht mein faden der schrift hier umschlingt. gut gekritzlt trinkt jetzt also wasser mit dem es schneller nach außen schwimmen kann. wir pumpen dazwischenrosterworte auf. löschblatt gebiert schokoladencaterpillar. wort honigt an bohrt sich hinein als filter.

das licht ist feucht und eine umgekehrte haltestelle.
meßstellenwerbung temperaturhaufen schlammluft damit wird lange gewürfelt. wir bestellen der haustorte einen farbumkehrkopierer. auf sensen stehe ich wie bildchen das flattert. tassen trinken vom rand wenn es zu heiß ist. straßen warten noch immer nicht wenn autobusse stehen bleiben. ich schlafe mich aus den worten heraus in meinen wortmagen hinein. ich rutsche in sägefotospäne hinein und lösche feuer.

jeden tag wird unser anruferbeantworter neu be-
sprochen. alle alten worte platzen auf. alle neuen werden
mit krachöl eingeschmiert.
ich habe mein mich in mein mir reingezogen. wir landen
als seiltanzsegler mit zusammengelegten zungentüchern
in dieser textangelegenheit. gutes öl ist backrohr im zucker.
ich fließe in mich hinaus als trichter. später werden wortein-
geweide hervorstechen und luftinnenseite verätzen.
das auf- und abgehen der bilder dazwischen ist hautfetzen
der wickelt sich um alles gedachte. meine nase beißt vom
wort ein ich aus schokolade ab das ruckartig im knochen-
mund als formulierung zu schmelzen beginnt. kleben ohren
durch geräusche dann durch. *mit einem langen sommertag*
gemeinsam stehe ich jetzt auf einer sense und filme die
umgebung ab. die umgebung filmt zurück so glatschen wir
zusammen auf die bühne.

ich warte auf die bushaltestelle. nur der bus kommt.
ich lasse ihn zurück. so warte ich also noch immer auf
mich.
im kopf der worte zerplatze ich manchmal. ich rinne in mich
hinein wo ich als wortfetzen schon lange bin und sauge auf
was hereinrinnt. fließen im fotopapier ist womöglich ge-
räuschpegel im abkippen der tagträume. denkhalsdrängel-
reparaturgeschäftsgekritzl verlangsamen denkvorgänge.
schon am morgen bin ich dieses kritzl und gehe im comix
spazieren. papier schreibt mich auf meine haut so bin ich
geldschein im comix. springen wir rufen auseinander. bis zu
70 kritzl faßt eine kritzlflocke und verbrennt papier. ratte und
wortratte beginnen sich gegenseitig aufzufressen. manch-

mal denken sich zwei worte gegenseitig aus und sind so nie gewesen …

mein blickgummi lümmelt da so umher wartet auf die bushaltestelle. nur der bus kommt dahergekehrt. ich lasse ihn zurückschlucken. so warten wir gemeinsam mit dem kommen also auf mich. verrückt ist das stopschild drüben im bus. die vorstadt wird vermischt. die vorstadt wird weggebracht.

zimmer springt von meiner schanze. mein zimmer fliegt in mir durch den fernseher raus. ich bleibe zurückkleben im hier. diese angelegenheit hier hat mich erfunden. flugschaum dichtet zeitblätter ab. spiegelschraubenzieher streichen durch alle szenen. wir schaffen daß sich sessel auch noch hinsetzen kann. mit allen diesen sesseln sitzen wir gemeinsam im mehrfachbelichtungsschwüngerl zeiten aus.

lufthundewasser hat zunge in meinen mund hinein rausgestreckt

angel. hey achtung angel. wir ziehen das zimmer aus. filmpatzen schnalzen beschleunigt vor. also apparate kamera
bildschirme und lufthundewasser. wir stelzen auf zungen
durch die breiten. ich kenne ein wort das ist 27 meter tief.
jolly 3 denkt hören. vollgespiegelter haifischwolkenkratzer
rollt am fotohimmel vor und bleibt dahinter sitzen. wir nennen es tausendfachbelichtungstauchsieder. wir ziehen unsere zimmerhaut aus. jolly 3 denkt sich ohren. ich kenne ein
wort das ist mindestens 27 meter tief. kopfsprung doppelt in
diesen text hier hinein fordert sie. so starrt dieser kamera-
amboß aus den wörtern auf uns zu. pickt augenflocken
ein. hat hut als sessel gegurtet. locker tanzen flugfiguren
in zeitlupen. dazwischen hängt die zeitmaschine. von dort
aus schreit jemand diesen text hier. von dort aus verdaut
wortkot auf uns zurück. aus meinen barthaaren wachsen
krachabdrücke anstatt kinnladen auf kamerarändern nach
vorne. sieht ausgemessen bildschirme zucken. jolly 3 denkt
sich hören. jollyblumen sind so frisch daß sie in unsere zukunft zurückblühen und dort als zungenboden ausrutschen
und den vorhang beschleunigt vorantreiben.

diese aufgefettete startbahn kracht gegen meinen fotowolkenkratzer. so darf jolly 3 im zirkus glänzen. so setzt
bildschirmschmelze ein. viel glanz über der manege. läßt
die szene auseinanderklappen. jolly 3 klebt finger durcheinander. dicker fetter schrei entknotet wolkenschrauben-
kratzer. so ziehen wir das zimmer aus. wir sehen trapeze
über trapeze schräg hinausklatschen. so wird endlich
mundauge unser fangnetz. fetter schrei entknotet boxenden

wolkenkratzer. ich kenne ein wort das ist mindestens 27 meter tief. manchmal umzingelt zirkus mein zelt.

angel. hey angel sagt sie. wir wetten daß schokotauben mit ausgeschnittenen schnäbeln einfliegen. wir sagen jolly 3 hat es zeitgerecht so ausgemacht. jolly 3 denkt sich hören. fetter schrei entknotet muskelfetzen. wir ziehen das zimmer zusammen aus. so schnell wie polizeizangenwort gedanken entlangflitzt sind wir schon immer sage ich. ich kenne ein wort das ist mindestens 27 meter tief. was liegt drinnen. ich verbiege luft um schneller bei dir zu sein. du sagst ich schmelze in deinem haar. so ist mein t-shirt rüssel für deine augen. gleitet vom bügel im aufrutschen der flaumigen achselnaht. du sagst ich schmelze im haar. du läßt tastfäden stehen und verwischst berührungen. sie sagt ich sauge manchmal mit comixrechen am rüssel und zersteche alle schaufeln herz.

heute wird es vielleicht auch so gewesen geworden sein. geruch und geräusche werden sich vermischt haben. diese weit aufgedrehten pinzettenbildschirme werden meine augenflocken ansehen indem sie verkehrt in sich hinausgleiten und im aufgedrehten 1000-fachbelichtungstauchsieder umherturnen. weit wird es durch gewesen sein mit vollen zungenküssen. bauchlippen bespringen orkan und ozeane. du sagst ich schmelze mehrfach im haar. ziehen wir eben das zimmer aus. ganz ganz ganz weit hineinschneiden werde ich alle meine comixfiguren. heute wird es vielleicht auch so gewesen geworden sein. lufthundewasser hat zunge in meinen mund hinein rausgestreckt. jolly 3 hat luft und speise auseinandergegossen. so wird also jemand anderer satt sein und *ich* bleibt papier verwischt auf meinem lieblings-t-shirt. jolly 3 wird ein as nach dem anderen schlängeln. heute wird es vielleicht auch so gewesen geworden sein. fetter schrei entknotet tiefseewolkenkratzer. du sagst ich schmelze im haar. wir ziehen das zimmer aus. lufthunde-

wasser hat zunge in meinen mund hinein rausgestreckt.
spät nachts ist dann die rue de crimé aufgestanden und zur
rue de belleville rübergegangen. ist runtergeflossen und hat
sich in luft in worte oder in diesen satz hier aufgelöst.

vermischen. spielkarten lufthundezungenwasser und nougat. die suppe ißt meine fingerkuppen. so halten wir das
geschehen auseinander zusammen und uns hinein als weit
aufgedrehte schußfahrt. ich kenne ein wort das ist mindestens 27 meter tief. nur mit tixo klebe ich alles umgebende
auf. vermischen. also vermischen. so wird fette turbofliege
zurück aus dem echo hinein in die gegenwart geflattert sein.
vermischen bitte. fetter schrei entknotete wolkenkratzer.
unsere geilen lieblingsgeräuschsfetzen bleiben trotzdem
manchmal in der zukunft zurück sitzen. mit dem tixo hast
du den zirkus weggeklebt wirst du erzählt haben indem du
ausflosst als kutter. du sagtest ich schmelze im haar. natürlich lassen kleider körper nicht weiter wegfließen weil sie
innen außen gewesen sein könnten. heute wird es vielleicht
auch so gewesen geworden sein. so hat mein t-shirt viele
neue finger. vermischen. so fließen alle schritte der räume
schneller durcheinander. fetter schrei entkorkt beschleunigt wolkenkratzer. lufthundewasser wird zunge in meinen
mund hinein rausgestreckt haben. wir zogen das zimmer
aus. so ein netter zungennougatpatzen ist heute spazieren-
gegangen hinüber auf ein trüffeleis. du sagst ich schmolz in
deinem haar. wir rutschten und kamen so in die verwischte
blinkwinkeleinflugschneise und sprangen auf. heute wird es
vielleicht auch so gewesen geworden sein. fredi fischer sagt
er ist sicher am abend der fisch der gegessen worden sein

könnte. wir werden schiffskrümmung wie lippen genommen haben und werden bis hierher dauerbelichtet rinnen. jolly 3 denkt sich hören. wir werden das zimmer ausziehen. lufthundewasser hat zunge in meinen mund hinein rausgestreckt. ich blicke mich frei in und aus dieser angelegenheit. mein bart wächst in mich hinein dort wo alle meine schmetterlinge als bauchlieblinge tanzen. wie wachs zergeht hundewasser im lungenflügel. du sagst ich schmelze ja in deinem haar. mit stricken schnitten wir deshalb striche durch.

heute morgen haben wir glück. die straße selbst bringt uns zum bahnhof. so sparen wir geld für ein taxi. der zug hingegen bleibt aus und wir müssen selbst fahren. so wird kein geldautomat benötigt und unsere finger bleiben die scheine. so sind wir geschmack den wir schmecken und wort das wir sprechen. so ist schacht kugel und wasser pfeil. lange wird schneeball zusammen würfel sein der ineinanderschmilzt als falte   eis   luft   schubser. wir sind also in luft hineingeklebt und können nicht heraus. zurückbluten nützt auch nichts. davon bekommt die musik nur löcher. gerade jetzt ist die landebahn dabei uns zu überholen. so sind wir vielleicht zurückgeschnalzt ohne daß wir es wollen. das ist schicksal des bahnhofs er bleibt immer hier oder dort. die wortvorhaut sucht sprüche für ihr dasein. tischkugel rollt mich um mich herum. so habe ich auch mehr platz für mein dazwischenplatschen. paßt ganz genau. wie herausspringen aus dieser pizza hier. die im foto wie wir ja später sehen werden zurückgegessen wird. die im gekritzl genauso zurückgegossen wird. wir nehmen also zergehensgelenke als gegeben hin und schleifen uns ein. in lufthaut verläuft mein dickes kabel. so geht krippenstein auf dachstein hinauf und verkehrt wieder runter.

jolly 3 denkt sich hören. lufthundewasser hat zunge in meinen mund hinein rausgestreckt. fetter schrei entknotet wolkenschrauber. du sagst ich schmelze im haar. mexico tritt auf wir spielen gemeinsam den cult. reise überholt uns wird vor uns am ende gewesen sein. ichundduschmelzver-schiebungen schlüpfen im sprachkotschnipsl dazu. lufthun-dewasser hat zunge in meinen mund hinein rausgestreckt. du sagst sprachkotschnipsl hört sich ganz genau wie es spricht. du sagst ich schmolz im haar. vermischen. die architektur streitet in mexico mit der reise um den auftrag. die reise überholte sich und wir werden vor ihr am ende sein. mexico pendelt sich ein. heute wird es vielleicht auch so gewesen geworden sein. wir werden das zimmer aus-ziehen. daher besucht mich die wohnung speit gerümpel aus. wir sind lieder ins wort hineingeschraubt und sprühen charisma. wortkotöffner hört sich besser wie er spricht läßt honigwimpern in sprachkot hineinschnalzen.

endlich flüstert denkapparat ob vielleicht anderer denk-apparat den gesamten sprachschrank oder nur diesen einen denkkasten der er ist in seinen denkmundkelch neh-men könnte. bestimmt bekommen denkapparate im alter hörfehler. kennen sich nicht mehr und müssen repariert werden. du sagst ich schmelze bald in deinem haar. so bre-che ich. so breche ich von allen meinen körperteilen. wirloch und wirschatten nähen gierig weich durcheinandergekehrt wieder heraus. kiste ist nur außen füllung. ich bin sack und inhalt zugleich. schwelle als trichter durchs dickicht. finde mich finger im nest. das streicht über fahrtwind zieht so strek-ke schneller aus. gefotot das kommen lustvoll und weit.

jolly 3 sagt geschwindigkeitsöl fällt oder fädelt zungensäu-ren ein. in meinen zurufbeantworter wird sie mit tixo wort-

ameisen hinkleben und lärmkleber wegknipsen als hoch-
sprunglatte für wühlbecher. ich bin nicht da. nur das hiersein
meiner stimme spricht. bitte stimme sprichst da jetzt auch
du hier. tausendfachbelichtungsbegriffe tanzen als bühne
auf der bühne hoch. ich kenne ein wort das ist mindestens
27 meter tief. mit dem finger tippe ich an. schon bin ich
durchgefilmt. wir umdrücken innen suppenkisten. schon
sind wir im bild das uns malt. auch sprachkotschnipsel hört
sich wie es singt. lufthundewasser hat zunge in meinen
mund hinein rausgestreckt. hinter augen ist gelände vorne.
wo sonst. sprachgatsch drückt gegen alle meine bildwände.
viele sinds. hosen die anstatt mir im körper gehen lösen sich
auf. lufthundewasser könnte gipshaufen sein wenn krach-
flinserl weiter so zäh daherflunkert.

fingerzettel wird mir reingesteckt darauf steht glaube denk-
apparaten sie lügen immer. ich rinne schneller als mein aus-
mirherausrinnen auf mich zu. vermischen. bitte vermischen.
also bin ich vor mir drinnen. warte daß mein bauchmund auf
mich zurückkommt und ich dazwischen zum lagern komme
zusammen so ohne mir. du sagst schmilz doch in meinem
haar. vermischen. so breche ich. so breche ich von allen
meinen körperteilen. braucht regen schirme damit er naß
wird fragt sie. wer schluckt da mikrophone heute wird es
vielleicht auch so gewesen geworden sein. aber wie wenn
ich gleichzeitig trocken werde im regen der dann einfädelt
im fetten denkhang. dieses schlängeln wird mit meiner
fingerkamera abgefilmt und natürlich in echtzeit live über-
tragen. lufthundewasser hat zunge in meinen mund hinein
beschleunigt rausgestreckt. jeder hai ist walze mit dicken
wurzeln. so ist t-shirt mit meinem abzug auf mir abgebildet
rauftätowiert. so kleben zeiten auseinander und lächeln
schnappt glück.

natürlich geht haifischwolkenkratzer mit wenn wir wegge-
hen. wenn ich mich bücke fährt ja auch gehschaum darüber.
ich kenne eine zunge die ist mindestens 27 meter weich.
wer hat in mir schraubschuhe vergessen die gehen in mir.
vermischen. bitte vermischen. heute wird es vielleicht auch
so gewesen geworden sein. zwei die gesamten wände aus-
füllende spiegel hängen sich also gegenüber. dazwischen
stehen einige sich ständig anblinzelnde saugmotormonitore
und rundkameras umher. dort läufts geschehen immer wieder aufs neue zeitversetzt ab. wir kriechen als zeitflecken.
sind ganz glücklich. jolly 3 denkt sich hören. vermischen.
lufthundewasser hat zunge in meinen mund hinein rausgestreckt. der kaffee geht auf ein bier. seine finger sind ja dicker
als seine arme. spiegel filmt statt der kamera in diese stelle
hinein. vermischen. bitte vermischen. natürlich ist gummisack nur eigene umgebung. läuft alle superrunden mit. du
sagst ich schmelze in deinem haar. so blinkt dampfknäuel
festgeschraubt in unseren hintertüren. entgegenkommen
kommt von hinten und bleibt in mir verkehrt stehen sickert
verdoppelt in sich durch. hält zwei haltestellen flüssigworte
gegeneinander. heute wird es vielleicht auch so gewesen
geworden sein. plötzlich brechen alle körperwände in sich
weg und alles bleibt flüssig.

jetzt ist trapez als fotoattrappe übers trapeztuch gezogen. so
kleben krachrosen beschleunigt durcheinander. so dampft
unser haifischwolkenkratzer. nur krach dampft hier sage ich.
haifischsprachkotschnipsel hört interessiert zu. wir ziehen
das zimmer aus. angekaute räumlichkeit beißt vom apfel
ab liegt in der mahd verstreut. halbe bäume wehen ganzen

wind daher. ist schon o.k. sage ich zu ihr. paßt schon hinein. wickelt wölbung verkehrt durch die bälle. bestes schrittöl läßt nacken laufen. fetter schrei entknotet wolkenkratzer. du sagst ich schmelze in deinem haar. ich kenne ein wort das ist mindestens 27 meter tief. ist trapez halb verdaut eine flatternde filmrose oder hat sich lärmwimmerl alle mittelfinger gebrochen. du sagst ich schmelze in deinem haar. dampf schaukelt und läßt sich vom apfel beißen. aber das ab und zu der räumlichkeit ist das einrutschen von genüssen. mein bauchmund der baumstamm heißt rosennelke löst alle verkrampfungen im schmetterling.

doppeltentgleister anhalterbahnhof ist nach allen seiten nebelpfeil. sickert als mehrfachbelichtung von bäumen ins foto zurück. über mir fliegt nicht fotowolkenkratzer sondern himmel in den fototrichter ein.
luftflocke im glasbogen ist zimmerstreifen in schlitzbewegung verkehrt. zimmerflocke tänzelt am hochseil durch die nacht. im wortkot ist ohr als spion begraben. ich suche mich im versuchslabor auf fingerspitzen wieder. wer hat mir zersprochen. *ich besitze mir mein mich weg.* war lufthundewasser im schuh oder eine krücke. schlüpfen wo kleider halten ist gerollt. ganze umgebung steckt am ringfinger verbindet sich trichter. *mein herz löst meinen körper auf indem es als kerze durchwächst.* turnt zimmerflocke im zimmer oder turnt es im tropfen der dazwischenläuft als kritzl. mein schuh tropft dann später aus dem boden heraus. manchmal wird als immer verkauft. mein auge das kritzl kratzt in mir aus. noch 1/4 stunde länger und vorwort im vorzimmer hätte sich unterschenkelknochen gebrochen. ins auge hineinschauen und umherkurven kostet 1000 l mehrmals belichtetes wortöl. 1/4 stunde dicker und zwischenworte im zimmerzimmer hätten sich fast geschluckt.

unsere trampolinspringerin setzt den see über die alpen. die fähre bringt viele bindemittel mit und wird ins schaufenster gestellt. fetter schrei entknotet immer wieder wolkenkratzer. du sagst ich schmelze im haar. wir ziehen das zimmer aus. lufthundewasser hat zunge in meinen mund hinein rausgestreckt. pilze sammeln viele giftige personen auf. kaffee trinkt aus und schält ab. zucker und haie werden freunde sie haben beide dicke hörner aufgesetzt. spiegel teilt sich ist vergrößertes loch oder flinserl. ausgezogen mit ich angestrichen eine durchsickernde kamera die nach allen freien rissen aufläuft. wir strahlen freude aus. du sagst ich schmelze in deinem haar. vermischen. komm schon. abgebundenes luftfleisch im sprühen staubt sich fährt eine runde mit. heute wird es vielleicht auch so gewesen geworden sein. will mütze ihre seite wenn sie busfährt wissen.

lufthundewasser hat zunge in meinen mund hinein rausgestreckt. die hose die mich anzieht hat hosennägel locker abgeschält. lieblingstorte beginnt mich zu verschlingen so wird mein platz vielleicht frei und löst alle zweifel. leicht gewellt ist lufttisch steht da als tanzbär mit marzipanpinzetten in orangenschaumtrüffel mariniert. schulter auf flocken stimmt immer schlägt sich ins auge als splitter. wir schwimmen im finger drinnen bilden arme als reifen. haus im finger genau so dick wie arme verkauft mich als lieblingstorte am brunnenmarkt. spielt ampel mit denkgelenken. so bin ich becher aus asche und wische luft ab als flocke zwischen den schulterhäusern.

wortkotflinserl springt auf und filmt. von unten nach oben. von oben nach unten. wortpatzenflocke dazwischen ist hubschraubermarmelade schnalzt durch die öffnung. zunge ißt den körper aus. ist sprühglück und drückt von hinten aufs eigene vorne. rachen umpflückt tonknäuel. bauchmund schraube auf. fliegt als hubschrauberkamera durch die mündung. wo im wortbauch wächst das wortkind. wo im wortknäuel zerfällt herz. so breche ich. so breche ich von allen meinen körperteilen als vermischen ein.

so breche ich. so breche ich von allen meinen körperteilen. so bricht körperraum vom zungenhaken. so hackt jolly-dampf-3 das schlendern an. immer trainieren wir gemeinsam. so schwelle ich von allen meinen körperteilen. brechen schwillt meinen comixkörper aus. oder schwillt kritzeln im wortkotflinserl durch. aus pinzetten zieht brot schüsse. elefant nimmt erdteil auseinander. so fließt du durch mein haar. schlägst zurück als falter. erdteil zieht elefanten auseinander. pistole schluckt aufschlag zurück. so breche ich. so breche ich von allen meinen gut geölten comixkörperteilen. im körper ist ganzer erdteil versteckt. im elefanten bin ich als rückkoppelung versteckt. lufthundewasser hat zunge in meinen mund hinein rausgestreckt. ich kenne ein wort das ist mindestens 27 meter tief und weiter.

vielleicht ist jolly 3 ganz weit aufgedreht überbelichtet. knattert leichter auf den papierfetzen. darauf abgebildet was nicht zu sehen ist. nur mein röhrentaxi fährt zwischen allen bahnhöfen umher. nun ist es hier. kein geräusch bewegt sich am papier. zeitlupe wiederholt sich. dazwischen könnte lufthundewasser rückspiegeln nach vorne sein. echo bricht am papier. hose kauft sich eigenen erdteil und läßt segel zusammenknallen. sie scheidet elefanten aus. sie verliert manchmal ein lächeln und tanzt auf. überbelichtet ist der tag am papier. du sagst ich schmelze ja in deinem haar. vermischen. vermischen bitte. heute wird es vielleicht so gewesen geworden sein. draußen flitzt umgebung vorbei. überbelichtet und aufgedreht der ganze tag.

unser lieblingsluftzuckerl zerschneidet propeller so saugen flugbahnen an. videos gelten als hüften für hangar im bauch. es wackelt. es wackelt sehr. es schwabbelt. vermischen. wir vermischen. lufthundewasser hat zunge in meinen mund hinein rausgestreckt. du sagst ich schmelze in deinem haar. sirenenkind fährt statt dem wagerl zum werk. hangar hat gleich zwei unterhosen an. heute wird es vielleicht auch so gewesen geworden sein. wir ziehen zimmer im zimmer aus. so ist segler karussell und leckt beschleunigt an. spaghetti sind aus brücken und fliegen in den propeller hinein. nichts ist zerrissen. schall hat sich umgehängt. neue fledermaus brennt neonlicht ins zeitlupenmeer. wir hütten haben zimmer auf. fetter schrei entknotet wolkenkratzer. jolly 3 denkt sich natürlich hören. ich kenne ein wort das ist so mindestens 27 meter tief. sonne entknotet sich. licht schäumt als unterhose durch die nacht. ich bin flocke und nicht falter hier am rand der dächer. lufthundewasser hat zunge in meinen mund hinein rausgestreckt. auf zungen gehen wir durch die straßen. wasser ist untergegangen und zeitgleich boot. gummisack unser lufthundewasser verliert meeresstrand. bäume bellen da lauter als hunde. stark überbelichtet diese stelle hier am papier. so weich wie spiegel sind küsse nie. strände fallen wie bäume weil sie bilder schreiten.

alle spiralen kehlköpfe und räume saugen gemeinsam wirtshäuser aus. wirhäuser schlittern blickknoten auf. freilaufhochsprung verweilt lange in der arena. wir eierlikörtrüffel feilen zunge durch. roter ozean verklebt hai. immer schlucke ich mich weg. verblüht zurück nach hier. so sind unsere hundewasserlippen hang für den trichter der tanzt und schwabbelt im rückspiegel auf uns zu. sonnenecho ist berg in rückspiegel. rinnt ab auf wortvorhaut der lärmkinder. zusammengeschmolzen werden wir im rucksack und im wortflinserlkot durch die gegend gekarrt und gemolken. so geht abhang durch fuß bis zu uns rucksack als wortkot auf. zwischen schritten gehe aber noch immer ich sagt jolly 3 zum wortwasser ausgespült.

lufthundewasser tuscht musik und tanzschritte mit *sleater-kinney* zusammen auf die bühne. die bühne ist dieser text hier rinnt im ohr zum echo. zuckt pinzettengebirge in worthaufen. ich boulevard belleville und rase durch alle denk ritzen ein. einen zentimeter lange ist die beleuchtung und fällt als zeitlupe in den amazonas als matrose im schwimmen. amore sagt gelächter im schuppen. sie treffen sich als glas im fenster. wir lassen landschaft wie drachen steigen und sehen das röntgenbild als dauerbelichtung dahingleiten. so schmilzt alles wachs im ohr.

blumen die einbeinig aufstehen
frühstücken erst spät

also gut eichhörnchen trampolinflocken und hochofen-
flocken hängen hier lässig ab. aber die steile einflugsschneise der wörter muß natürlich schon jeden tag neu umgebaut
werden. schiffsslip sei doch so lieb und gieße mich in deinen
neuen sprachkutter ein. trampolinbissenrisse rinnen dann
ins bildgerümpel leichter hinein. so ausgewickelt scheinen
blicke in zeitlupe schon lange nicht mehr. so überholt der
steilhang die lawine und wird immer noch schneller dabei.
bis an den schrulligen auswickelbauch waten sie mit ihren
pazifikwurmkindern im luftteppich aus.

in air oder im airwort eingeschweißt schwingt mein körper
hier frei durch diese anstalt. sonnenbrille und sprachschrau-
benhauberl haben alle ihre sehschaften auf. hört zu: im vor-
speiseteller liegen meine flugapparate schon lange bereit.
mangolassi ist also solch ein hochgelobtes gummikran-
klumpert bleibt natürlich im sprachbügel stecken. fetziges
brillenfenster putzt umgebendes indem es aufgelockert aus-
einandertänzelt sagt sie. kniebeuge in den schuß bitte jetzt
umblähen sich alle aufreißgedanken. frage du lehmboden-
attrappe vielleicht zeitlupt sich tänzer es wackelt nämlich
so. also ganz sicher ist unsere geräuschlötstelle jetzt aber
noch immer nicht befreit. es wackelt so. es wackelt so. es
wackelt ja so.

wieviele sätze kann wortsäurebeton nüchtern denken frage
ich. wie umarmen wir unser umarmen mit servietten oder
mit wattestäbchen. wieviele holzservietten sind aus feuer
und löschen wasser wenn neonkugeln aufeinanderplatzen.

wer nimmt mundpinzetten aus durchsichtigen augen da
wenn ohrknäuel durchs andere zischt. sie schält wasser ab.
lieblings-t-shirt »le tigre« hat mich aufgerudert angezogen.
es schneit ja boden auf dem schnee. so rollen asphaltreifen
weg. wir schütten alle zwitscherlöcher mit uns zu. genäht ist
sehen reispapier ausgeschnipselt theater.

ich sitze mir gegenüber. ich sitze also mit mir scheinbar mir
gegenüber. vorbei fährt dabei das zurückspiegeln und ich
sehe mein mir halb mich treffen oder vielleicht doch zusam-
menlaufen als gummilärmschaufelkehlchen. im abdichten
der mirlöcher ist michfuzerl immer schon gut gewesen erzählt das ich. heißt es sportlerlächeln zieht ellbogenschuhe
an. man sagt auch blicksockenpanzer im schiffsboden sind
löcher in fädennägeln. hier bleibt unsere lieblingsschwel-
lung tangotrichter burschi. nur noch für meine ohren werden
immer neue anzüge geschmiedet. plötzlich überholt sich
die straße und ist rutschige verkehrsinsel auf blickobers
einradiert. dabei erscheint dieser bildfetzen als fadenzieher
der sich um meinen körperwirbel wickelt. wir hängen uns in
zeitlupe ganz vorsichtig mit hochhütten um.

alle körperzellen aufgemacht sagt sie. alle körperdichter-
zellenworte aufgepumpt. ich brüchiges wortschrauberl also
im filmzwickenhalfter bin vereinzelt gerade noch vorhanden. denkt es sich brüchig umher. ich spreche öffnung auf
und lasse mich herein wo ich bin verrinnen. eigentlich ist
wasserdingsda brücke und trinkgeld zugleich. plastiklunge
auf reisen fängt unseren zungentraktor ein. vielleicht gibt
nahrung besonders gutes trinkgeld. womöglich bleibt aufge-
schraubtes luftflinserl umgehängt hallenbad im lippenmeer.
achtung achtung schuß die scheibe sickert zurück in den
lauf. natürlich sind räume füße berühren vorgänge zeichnen
zarte augengummiangelegenheit von der steilen einflugsschneise der wörter heraus.

wer hat denn da mangolassiklumpen in honig als superzeitraffer hingelutscht. meine haut hat mich nämlich dadurch
sachte ausgezogen. nimm den fingerreifen mit wenn du
zur tasse gehst und dich trinken läßt vom mangolassi sage
ich. so läuft riesiger geröllhaufen über wüste als wiese und
dünn ab. man sagt projektorkamera ist naß festgesaugt am
schraubwackelkörper zersiebt deshalb alles geschehen.

wie luftaufgeschweißt mit tribünen zusammen ist euer ing-
weramboß flockentiger. ich trage mein haar wie fotolackerl
ganz offen. euer blickbriefkuvert verschickt ja auch den
empfänger. *wir falten luft als ob wir papier.* gegenstände
am tisch sehen mich so eben genauer ins herz hinein.
bilder blicken zurück. schnee räumt wege wenn alles zugeschneit ist. stufen gehen in schritte hinein. in superzeitlupe
spiegelriß erkennen wir vorgänge füllmittel ganz bestimmt
genauer.

jetzt zieht zeitraffersäuresackerl mein innenschuh sei aus
marzipan an. vom skateboard aus bekommt er schokolade und startnummern zurück. kameraschaufel wackelt ein
wenig sie rinnt in den startnummern hin und her. mich aber
schluckt einfädeln steilhang im lieblingsbauch flügelkapperl.
aber ein stückchen steilhang ist auf der dreifach belichteten
startnummer gerade noch hängen geblieben vertropft auf
flockenbrillen alle fälligen tore. diese hemden als blickgebü-
gelte supertore werden sich als satter bogenumkehrschuß
ausziehen müssen. es schneit ja fahrbahn auf dicke flocken
so konnte hochmoor ganz locker kupplung werden und
wortröhrengeländer papierbauchfälschung sattes schoko-
ladeeröffnungsgeschrei.

unsere geschwindigkeitslöschblicke liegen ab heute auf
luftmatratzen und sonnen sich. flocke berg wo ist seilbahn
rachen. flocke hand wo kämmt haar den haufen. unser fri-
scher vogerlsalat ist also ein flüssiges waschmittel sagst

du. blickampel landet im kompott und ist sehr besoffen von dir. wie ist das mit der blickschnur die zurücktrocknet und nicht gefunden werden kann. ganz schön glatt sind ja auch wortinnenseiteninnereien wenn zeitraffer gelangweilt ausfährt/ausschnalzt.

unser lehmklumpertboden gräbt luft auf landet im späten ozean. wir schmuggeln uns durch edelsteine und verwenden fettes sprachmehl als köder. wir flechten alle umarmungen in unsere skizzenbücher aus. so läufts über pferde aus dem traktor hinein. mich merkt aber wortklupperl und gibt mir einen namen. wie nahe überlege ich liegt blickflockenkamera gedanke wenn dufthöreranzug gierig durchschwabbelt. wenn innen plexiglas gabel umsichweicht dann heißt messer eben südspanische seidenrockmusiktuchent. unsere blicke fangen fingerspiegelzungen in duftigen achselsträußen. im einen wortauto ist ein anderes wortauto mit luftlöschblättern dahingeschmolzen. die skischuhe meiner schmetterlingsfäden wirken bunt bemalt und machen alle zeit mit einer aufpumplupe gut.

schneeflockenattrappen verstopfen luftklumpertanlagen. so weit kommt es noch daß schneckenfalkenauge da ums eigene schneckenfalkenauge umherbiegt und zwischen spucke aufschlitzen muß. unter mir durch fährt das tal schlägt brücken nach. jeder wurfboden hat zehn krähenfüße sitzen. dazwischen säuft saft seine gläser. *wer will mich mund nehmen und rühren damit.* 50.000 zuseher sind aus marzipan im ohrloch brechen zwischen monitoren hervor.

dicker als jeder baumstamm ist dein zeigefinger im nougatzungenmeer blitzartig verschwunden. *ansatz neu. abmischen.* abhaut im echowerfer näht dickes schraubluftlöschblatt in die werft. aber mein kritzlohr diese kugel rollt zu dir hinüber. wände hast du weggenäht durchs polaroid. nacht ist zurückregnen sonne in den wackelbereich. ausleeren

spiegel ist aufklappen kameratrichterflockengatsch. tore
sind kippstangen umarmen jeden schwung.

gehen wir also als blick zusammen auseinander nehmen
rachenfussel als köder denkhäutchen flügel mit. so kauft
mir schinkenkäsetoast ein großes bier. auch wortflocken-
fussel sagt sie hat mich geschluckt oder nur so getan als
ob sie gesagt hätte. ich wortflocke habe zauner geschluckt.
durch die öffnung geht öffnung zurück auf sich und beginnt
zu knitterglänzen. bin ich kuvert denkstaub der ruckartig
zusammenrieselt als echoberg. mein finger bleibt vielleicht
endlosdurchsichtige handkamera. so haben wir also unsere
augen auf brillen gestülpt. geschwindigkeit sickert in sich
zurück wenn *innendünncaterpillarwortvorhautgeschmacks-
pinzetten* zeitlupennadeln ausflechten. so zerbricht innen-
hautwortfetzengebilde als nadel und seidenbecherspeer.
das herunterrinnen der fotografie in der landschaft bleibt
hingegen für immer pilotencodewort im kamerasteckenbal-
lon liegen.

nach 20 jahren begann einer wieder zu wachsen. *knacks.*
wuchs 20 meter in sich hinein. *knacks.* das nennen wir
skulptur oder wortgallensteinentferner. *knacks.* im mund
des zitierten mehrfachbelichteten fotofliegenworts zergehen wir. *knacks.*
fahrt ist eingerissen papier.
fahrt ist ausgeknotet schlamm.
fahrt ist zusammengekaut zungentür.
voll mit allen unseren glasschlammfingern sind haare. unsere häuser wirbeln fotosand auf. *knacks.* denkt dann der satz
selber was er ist.

ich fange mich auf indem ich hinunterfalle sagt das dach
zum falken der in sich einsickert als gekicher. du siehst mich
wie ich sehe wie du mich gerne sehen würdest als vorrinnen
im echospeerspalter oder als gegenspiegeln im schlurf. ich

sehe wie du mich siehst wie ich sehe wie du mich vielleicht sehen könntest also sind wir zusammengeschmolzen kippstangen auf fototorkelpapier. wie du siehst sind dem wasser alle haare geschnitten. nähen ist fließen. spiegelschlamm ist durstiger papiermund klatscht aus der anstaltsnaht.

aber ich wort klebe doch in luft auseinander schreie ich erschrocken: *blickschraube sichtwasser splitterkocht hörwasser wortschmirgelpapier.* so segeln wir wilder durch die herzfabrik. auge klebt bilder zusammen sie überraschen sich. ich schaue in mich hinein weg von mir. hingeknäulter hochofen zieht sich auf der vorortebühne aus. zum schutz der mückenzungen verwenden wir deshalb nur besten edelstahl. aber heute ist heute ein loch um sich als falkenklumpert festgeschwommen. rücken denkst du ist schmelzen von salto und aufdrehen rockmusik. nebel oder fingerschuh was ist mehr sand hier im heute.

ich kleinster punkt im bleistift rutsche schlaufen. ich im kleinsten punkt der welt der kleinste punkt schräg durcheinandergewirbelt verlaufen. grüner salat hat in mir seinen schummelzettel vergessen. ich liege dabei mit mir zusammen auseinander auf der lauer. luft wie papier wickelt sich drüber und rieselt gerade noch durch. du sagst nimm mal deinen mund in deinen mund und versuch ihn zu schlucken. nimm den mund heraus aus dem rachen und was ist. reibzottelbacken wird mundfussel wenn wir rinnen. so spielen wir worteanschwellen baumstämme am lippenstrand. auch meine doppelt gekritzelte rachenflockenanlage heißt lammtachomesser. rinnt als flüssiges starren. es paddelt jeder berg durch fotogewitterwolken weiter. unser neues vorsegel verbiegt denksteinufer so kaut kaugummimasten am blickecho umher. endlich schreibt mich mein name auf. wie ein unterwortwasserbetonierer denkst du. so spritzen wir dampfigen stahl hinein. welch große überraschung die mücke hat gicht.

der zahn tut dem schmerz weh. der blick weht augen weg hörst du mich rufen. auch mein negativ ausgestempelter schwabbellaut rudert durch schroffe klippen flüstere ich dir ins kritzlohr. billardkugel durch billardkugel gezogen heißt wüstenboden liegt weitläufig in haaren verstreut. so schneiden wolken dichter ins klumpert. zieh den körper aus und leg ihn zu den gummikleidern. zieh das bett an tauche durch den polster. hingeschaut wie hingeknallt rinnt es verkehrt verdoppelt aus den wörtern.

heute macht kaffeetasse unser frühstück. leicht verrutscht oder vernuschelt ist honigknöchel dabei. grabungsvorgänge in safranbutter übernimmt die milkakuh. zum aufwaschen der zunge bleibt also unser gabelgebirge vollgesaugt mit enormen discobananen übrig. so ein übermütiges blickwagerl kippt lächeln aus kreischenden joghurtvögeln. gedichte kauft sich kauend an der oberkante des frühstücks ein. gedicht ist stiege um. baby schluckt mutter zurück indem es erdbeertorten ausspeit. welt ums frühstück bleibt durchgebohrte zungenerdbeerstücke. wasser badet im schwimmen und reißt sich aus der glitzerschachtel.

plötzlich flizt fahrradseiltänzer diese verkehrte hochhütte sachte als schuß zurück in den colt. auch flaschen zerreißen wortsäuregeräte stehen dann am verkehrten coltschlucker umher. ich telefoniere randweiche worte. dichter im hochseillaufen sind wir schlüpfen zeit aus der uhr. sanfte schere klebt rachenknie wird von eigenem rachenwort angebissen. aber papier schreibt weiter auf wortattrappen hinein. will auch ohrklumpert zurückgehört haben. sportlicher buchstabenkot im zuckerstreuer eingeschweißt verglast sonderbriefmarkenblüten. schau meine zunge geht hier vor meinen füßen auf und ab. so pendeln scheibtruhenfilme gänge entlang. wir lösen mückengicht aus gelenken legen alle mundleitungen frei.

dort drüben siehst du eiterblick auf eiterblick ist aufgebissenes spiegelweichtuchei klammert sich ums abgebildete. sogar unter luftgerümpel ist wasser so ein nettes verliebtes briefchen. so fallen meine blicke wie schnürlregen auf deine lippen. zwei meter über meiner zunge schauen meine gedanken auf meine zunge und durchbohren sie. zwei meter denkt eine zunge an meine gedanken und durchbohrt auch sie. zwischen allen diesen gedanken steckt meine zunge als pendel verkehrt. so verliert sie skateboard stürzt hochhütten stößt ihre arme zurück. also stechen augen zungen in gedanken hinein.

also mein kopf ist außen. ichwackler und dusauger treffen sich. alle diese schrillen schmirgelpapierschilder aus neon filmen die szene mit. stück für stück geht ja weichwirbelboden vor unseren schritten auf. ich kleiner als maul einer mücke kann rutschen in marmor als plexiauflupenmatsch. stift schreibt finger über. zumindest berge sind schuhe für durchkneterwolken. eisenhut reißt falke umwickelt papier.

alle unsere geräusche werden jetzt natürlich wie zungenschrauben ausgehackt. ganzkörperanzug der wörter ist dadurch unbezahlbar geworden. kann riechen und hören sickert vielleicht auch zurück in ohrattrappen oder ins gerade gesagte. in der gleichung bohren zähler nenner aufeinander. gummischere und plastikmilchhammer sind zusammengeschmolzen ganz sinnlich. unsere schreie haben natürlich zarte zungenwürmer in kelche gesteckt. aufgeklappte hochhütte bellt ohren in alle lustigen tigermückenforellen hinein.

aus honigschleuder heraus will der oberförster freche
schraubturbostimmenfilmer einbremsen. wo lagert dabei die
honigschleifenschleuder im zurückspiegeln unseres pud-
dingteerigen sehapparats. im fetten zeitlupensaft kochen
hörapparate hinüber. ich stemple mich auf meine finger und
rinne in mich ein. ziehe mir die wohnung als schal an. ich
habe meine wohnung als schal an und schwimme hinüber
zum schreibtisch als jacke oder als loser aufgeschraubter
dünnfadenmonitor.

jetzt wird dieser nette feuerpatzen aufgeschnitten und mit
lärmsäuregel weggesegelt. comixzange erzeugt werkzeug
ist ihr bestes kapital. wie wir zurückwachsen in uns und
dann bald mal nie gewesen sind denkst du. genau so lange
wie mich ein wort in den rachen nimmt und mich genüßlich
zergehen läßt sage ich. ich das gute wort schokolade oder
radio kann ich gerade noch denken. in der nacht ist mir ein
zweiter rachen gekommen. der alte ist zurückgewachsen.
mein lauschebagger näht alle geräusche zusammen. luft-
faden reißt nie. man sagt der brief schickt den absender
zurück. ich spiele geräusche wie bälle zu und schieße den
elfer verkehrt in sich hinein.

pizza frißt mich nämlich während ich sie fresse. der kamera-
pracker geht mit und wird sagen pizza fraß ihn während er
sie fraß. dazwischen bin ich diese wilde satzkamera die vielleicht sagen könnte: pizza friß mich und ich fresse dich. sogar das lächeln bemerkt mich und saugt mich auf. im urwald
liegt das lächeln in dem ich liege. wir halten indem wir durch
unsere körper rinnen. während während aus sich herausfällt

gehe ich in mir die mehrfachränder ab. hände rinnen über handschuhe nach innen wo sie sind und sich auffangen und sich nach mirloch ausstrecken. also sind wir gegenüber von uns gegenüber draußen. oder sind wir drinnen nur mehr umhergedreht gleich draußen.

unser überholen gegenübert gummiplexiglasreifen als unfall locker dazu. dein neonlicht der schwamm für blicke geht auf weite reisen. wir nennen öffnung wand und halstuch hals. daher legen wir unsere zungen zarter zusammen und fahren gemeinsam hinaus. bildhaare abrasiert so ist haut schnee- fall oder womöglich auch augengewitter. luftlöschblätter wie schneefallfeigen beißen in reife mangoscheiben. nur noch bildschirmhaare und neues nagelschnurblut verflechten so fährt schanze also im flugball hinaus.

ich mache mein maul auf indem ich hineingeflogen bin. es wird gesehen wie unsere fetten paddelaugen körperflocken hinunter flitzen. unsere ohrklupperl im becher hören ganz zärtlich umarmungen entlang. außerhalb der nasen reitet mein riechen geflochten im zeitrafferschaum umher. die angel mein fiebriges hochhaus spiegelt in brillen von hin- ten vorne hüpft gleichzeitig aus: bild 1 hüpft zusammen mit lippe in bild 2 und alleine wieder zurück. bild 2 hüpft alleine zugleich in bild 1 und mit lippe zurück.

ab heute also fährt 700 meter langer güterzug durch aufge- drehte bahnhofsbilder auf unser jetztsein zu. im vorbeifah- ren habe ich alle filzigen worthaare abgeschnitten. so fährt das gasthaus im güterzug mit. 700 meter langer güterzug ist so ein bahnhof im beschleunigten abblättern lärmskulp- tur. gerade jetzt will es mich finden lassen. bildflocke hält foto zwischen dauerentwicklung fest. auch olivenberg bleibt manchmal regenschirm wenn er als kauender schlittschuh verwendet wird. ich nähe sogar windklumpen weil sie aus- einanderplatzen könnten. bildkran macht fotoskulpturen

indem er im augenrasen umherdreht. laufen wir also nasen
über lippen pralle zungenmillimeter hinein.

merke dir die stelle an der du denkst oder fließt oder aus-
fließt im sprechen. wer aber meißelt mich jetzt aus luft-
flockenpracker heraus auf dem ich hockerhänge oder um-
herbetonfalke. ich steige dann als fadenkamerasprinter in
mir umher. ich kopfball fange wahrscheinlich alles verkehrt.
mein stempelbild ohne maul zum sprechen bleibt übrig. plexi-
turboglasboden wird als forellenfuß gemeint.

indem ich mich selbst ins maul nehme schmelze ich vielleicht
in mir weg sagt zunge zur zunge. auf deiner zunge fährt es
sich aber gut sagt zunge zur zunge. körper ist grenze zwischen innen und außen da schaut kamerasteg erschrocken
auf. mein kleidchen die nadel mäht körpertuchent entlang.
es verliebt sich. es zieht bei. es nimmt sich auf. im gehen
grabe ich schreibend mandarinenschiffe als papier.

riesige landschaftsfetzen hängen in den urwaldbäumen. ur-
waldbaumfetzen hängen deshalb auch in landschaftsfetzen
verkehrt. fetzen in fetzen sind bäume oder gärten oder wie
heißt das noch gleich. kameraraum atmet tennisbälle ein.
tennisball schlägt zurück. rollt. wird als atmung bezeichnet
behauptet sie. superaugenfaden preßt bauchimohrumge-
bung zusammen aus.

durchgeknallt ist mein mir im mich oder umgekehrt. das
ganze bett kracht in meinen nasenflügel. heißt sich da nasenflügel also weg. sei nett ohr hör dir selber zu. ohr die

freche kugel rollt und rollt und rollt. rollt wickelt wirbelt dreht kreisel kullert wälzt kurbelt schiebt brüllt schwankt bügelt rollt wickelt wirbelt dreht kreisel kullert wälzt kurbelt schiebt brüllt schwankt bügelt rollt wickelt wirbelt dreht kreisel kullert wälzt kurbelt schiebt brüllt schwankt bügelt rollt wickelt wirbelt dreht kreisel kullert wälzt kurbelt schiebt brüllt schwankt bügelt rollt wickelt wirbelt dreht kreisel kullert wälzt kurbelt schiebt brüllt schwankt bügelt rollt wickelt wirbelt dreht kreisel kullert wälzt kurbelt schiebt brüllt schwankt bügelt rollt und rollt und rollt. meinen mirstöpsel rausziehen nur mich sein.

beiwagerlbleistift. er zerschneidet. blickdocht brennt. das ausgesprochene überzieht das bezeichnete mit superlack sulze. daher geht jetzt kritzldenktür in sich doppelt immer wieder auf. fensterknäuel hält mit. unser porsche fährt landschaft weg. porsche ist landschaft. halb verschnitten. wenn du luft einen ast abbrichst mußt du ihn aber zurückkleben. in jedem satz steht natürlich immer schon eine imbißstube versteckt.

plötzlich hat doppeltbildkarrenfredi einige schwabbelfotos vor mir aufgemacht. fragiler knittergemäldefetzen hat sich dabei vorgeschoben. filmfalter und wer denn sonst als doppeltbildkarrenfredi gehen gemeinsam mit mir jede weiße nacht ganz lang aus. rostige fensterscheibe hat pflasterstein eingeschlagen. jetzt hat sich auch noch bildknochenmitbewerber als rundfotospritzer also doch noch ausgezogen und ist als falte beschwipst in diesen satz dazugetropft. vor und nach der kugel rollt es wenn wir augen umblättern. ich bin auf meiner zunge ausgerutscht und purzle hinein in den schlund.

hier sind sonnenblumen natürlich motorräder. na klar. stimmt doch oder. knie bleibt auto oft sogar ozean. mein fingerbagger ein fernrohr begrüßt alle diese prallvollen schraubenmutterzimmer bleibt innen aufpumplupe weils baustellen daherschneuzt. wurfbewegung wird meistens gleich auch mehrfachbelichtet eingeschraubt. natürlich ist lava wasser spiegelt fortgang zerzündet dazu. kippen wir gummizwitschern um. ich bin dauerdurchmesser von tropfvorgängen heiß.

als neonleuchtreklamebällchen flirren wir durch alle diese weißen nächte. plötzlich stehen so auseinandergeklebte geräusche gleich mehrfach mit uns an der bar da. mehrfachbelichtete bewegungssplitter fädeln lärmradierer blickstaubkehlchen ein. auch eine doppeltbelichtungshaubenstange dreht am zeitraffer. 20 km² umgebungsstange wird zum seilseglertaucher. so starrt also umgebung in sich 3 x drinnen raus.

unser boden lehnt dort wo er vielleicht gestern stehen hätte können und jetzt aber dann als kochbuchlade beschleunigt dazwischenschwimmen wird. am fenster trägt meine hochhütte mich in kästen ein. sonnenklippenbrille nimmt abendsonne ab setzt mich statt der lippen auf. zusammengeglatscht hält luftlockerlhauberl im zöger bellt runden um häuserblöcke. im wasser fliegen sie am himmel wie plastiksackerl machen lockere turnübungen am tuchentartigen hochreck.

mein fuß hat hand als handschuh an. unser tor fällt rücklings in bälle hinein. jedes gericht verspeist als schnitzel dicksaftig augenblicke. diese weichkrachschraube mein wadenclo tropft ölig in superweine als gläschen vorbei. schließlich hat dosenauge mundsackerl als zahnschutz vor. auch tor schießt zurück gelangt in den ball als scheide oder tropft mantel als 14 ins kleid. so zerreißen blumen im foto nehmen zum landen nur noch zungenattrappen mit. ich sehe brille durch mich als auge das vor mir hängt. körper um meine schritte ist ohrkugeln nach. dein besenlasso luft in der luft brennt doppelt so schnell zurück. kontaktlinsen für schnecken sind billig. kontaktlinsen für kerzen hingegen sind noch immer in entwicklung. auch orangen kaufen sich kontaktlinsen sind so glücklicher dabei.

mein honigmeer ist fuß für lederschuh verstachelt. plötzlich lenkt taxi boden zwischen fahrtwinden heraus. auf butter liegt brot verstreut beißt in schnitte hinein. als wegfall von mund. als durchfall von fleisch. pfosten sind filter sie wickeln in der gegend umher.
ich starre mich an.
ich starre mich weg.
doppelfalte.
ich falte das denken als stollwerk heraus.
wer schwimmt da zwischen mir durch.

heute gehen wir in fingerarme hinein und schlagen unser zelt im echomehl auf. dabei läuft spielfeld über. alle echten zähne sind aus tee putzen lärmwasser bis es briefmarke bleibt. verkehrt geht abfall zurück also vor als luftflocke auf. ball wirft sich als arme zwischen schüssen als tor. soweit steht landschaft in landschaft hinein daß sie schon wieder auseinanderfilmt. bergfallkrustenkorsett steigt auf seehöhe durch. dort wo dampfmasten gras ist wächst bart doppelt hinein in die sense. echo geht boden nachher liegt es vor.

alle neu angekauften windelaugen zelten aus flaumigen wortknotenbaggermaschinen heraus werden in trüffel-safranschokolade getaucht. alle als verrückt geltenden sondermückenhubschrauberlandungsplätze spielen mit. im wortknotenzelt ißt nougatschokolade trüffelsafranscho-kolade. blumen pflücken blumen und werden verschan-delnde raubtiere genannt. mein fotoflieger fliegt statt dem hubschrauber im formulierungswahn umher. hinter meinem rücken ist mein herzbauch abgeschält fast wie bananen-püree mit sex. blume ist immer frosch denkst du rinnt ja auch im ohrraum wie pinzetten in dicken wortmatsch hinein. fünf finger und ein millimeter stecken auch noch dazu im goldring. mehrmals geht westbahnhof schon wieder alleine auswärts essen.

jede sitzbank wärmt sonne klickt sich näher in die steile einflugsschneise der wörter hinzu. langgezogene himmel-schneise in flugzeugbäumen erinnerst du dich. im geilen pistazientrüffeleis zergeht dachstein in der mitte des schiffs der fluß rinnt gemächlich ins blicknetz. alle berge zwischen den segeln verbinden unsere hoppelnden zahnstocher-masteneier. hochhüttenattrappen hängen von sommer-kleidern. so wie straßen im papier. oder wie see aufge-rauht durchs schmirgelpapier fackelt. so zerschnitten wie echowasser schlüpft jeder felsen frecher ins kuvert. kitt weicht fenstergläser auf. leim läßt kauapparathölzchen durchsickern. steinwolken beschleunigen himmelkatzen. aufsaugreifensteine schleifen also wasser ab denkst du. durch diese landschaft tropfen begriffe und durch den text dann stromleitungen.

denkstecken. denkstecker. wir rudern denkfehler. schrit-te sind eigentlich immer nur projektorschlamm. rost ist seife für zusammenfilmen umkehrblicke. im see spiegeln berge durch bootshütten und schauen auf einen schluck belichtung vorbei. heute fliegen blumen aus kriechen in haieselhummeln hinein. ich bringe honig mit streiche brot darüber. vielleicht zergeht dann sonne statt schnee. neu lackierte grelle schmetterlingszungen suchen mich noch immer. sonne braucht lautsprecher almhütte mäht nämlich jetzt schon dotterwiesen vor sich her. plötzlich werden auch dotterfußblumenmaschinengelder im gemälde zurecht-poliert. erst durch grelle abblätterwolken löst sich himmel von den bergen. stadtschaft fällt wie flocken aufs foto. die sache radiert die sache schwabbelt die sache fliegt.

na also diese aufgedrehte gebirgsautobahn fährt auf meinem fahrrad davon. rutschiger lärmknäuel lockt dabei rachenspritzer an. aufgedrehte gebirgsautobahn fährt schon stundenlang auf dem fahrrad umher und ist noch immer nicht richtig angekommen. zwischen dem bleiernen sonnenschirm scheint sogar plastikfelsen in regenwimmerl hinein. alle blickleitungen klicken durcheinander. leuchtkräne flitzen mit uns durch weiße nächte. durch meine haut wird vorsegel geschnitten. das häkelt geräusche zu. stellwerk aus belgischer schokolade schluckt blickspritzen auf. ich das ruder der burg lasse mich starren und komme zusammen schneller ans ziel. ich habe raum ich habe papier ich habe tauchen als anhänger locker zungengekehrt.

auskugeln. ausdampfen. ausherzen.
gib mehr reis bitte in die suppe und ich werde zum steak. ganz fröhlich in tomaten. ganz glücklich in paprika. nuschelnde bootshüttenkeks umkrustet blickwurfbesteck. im wegwischen schwindelt sich vorgang zurück. wir dampfen stimmen durch. höchste nutzlast für dieses wort ist vermutlich tausend wörter.

auf. auf öffnung drücken und sein. auch die bestzwischenzeit besteht nur aus gummikragen und rostigen salatblättern. die wickeln auch. die klirren wenn sie dann ruckartig auseinanderglatschen als lamperllackerl. innerhalb von pfeilen ist bogen schutt. *sehen. hören. öffnung.* mich sieht es sehr. zeichen werden paniert und in blicken herausgebacken. daher zieht sich jetzt sommermöwenhemd an. darüber laufe ich. doppelt um mich warte ich zeitversetzt neu. öffne ich. schlüpfe ich hinaus. reibe ich draußen meinen körper herein. tisch ist voll bett ganz leer. verloren wartet goldene dornennadel auf lanzenfaden umwickelt erst später den stich. öffnung fliegt zu mir her und schlüpft durch.

bilder. schwabbelbilder bauen geräte zusammen. *gehen öffnen gehen.* heute beulen sich schritte als fänger. gummilupe schlatzt augen raus. *klick – klack. klick – klack.* abgeschmirgelt dampf heißt es. wir kuscheln einzelbilderlöser durchspitzen schaft oder: *schmelzen. nähte. blicke.* gilt immer. gilt neu. verrollt. stockt zwischen unseren sprüchen. nähe wachelt. nähe wackelt ohrgewittersenf. stimme hat hochöfen auf. so hört sie besser. augen sind flecken im mund oder tolle glücksschweine. gedankenöl schwebt im wind. mundölattrappe löst sich aus luft hier heraus und schlüpft dann auch noch dazu.

was aber klammern. wir klammern also sagen wir halten natürlich immer nur außen zusammen. so wächst es sich geschwindet verkehrt. dieses anliegen. dieser glanz. diese wirkungsstätte. wir geben vor. lösen flocke von. so geht. so läuft. so sodat es dahin. wolkenkratzer liegt im mangolassigetriebe hoch. im gelächter fährt ein autobus durch. hand wird aufgehalten in dieselbe hand zeitversetzt hineinfallen oder auftauchen aus ihr.
jetzt locht herz lanzen.
jetzt näht papier im papierecho zusammen.
durcheinandergestrickte schwabbeltöne spitzen durch. saugen einzelbilderlöser auf.

hallo farbtopf. farbtopf nascht nämlich ameisenfaust und krähenfingerrachen muß also gift töten. überrascht klopft bienenhals an. allerbester blütenhonig betrunken orientiert

sich hier nämlich weiter. so verliert luft beine. mein lieb-
lingsauge erdrückt genüßlich riesenmattenbäume. dann
kreischt jaguar. da glocken frösche. so zerfließt schmerz.
wir üben skifahren in küchen. trinken aus seidenschot-
tertassen. landschaft regnet zur gegend. gegend schneit
zur stadtschaft wieder zurück. wiesen mähen futter. so
entsteht der film in der fotografie. mein ganzer arm rinnt
deinen körper hinüber. alle fünf sekunden friert bewegung
ein. dahinter rinnt es weiter. das ist die szene in der szene
mehrfachbelichtet. das ist die szene herausgeklappt zu
sich. alle sekunden rinnts ins bewegen ein reißt am dahinter
echofäden aus.

gute nachricht tausend monitore und tausend zugvögel
fliegen jetzt endlich gemeinsam rasanter durcheinander. in
jedem monitor fliegen daher auch tausend zugvögel mit. ich
biege flugenten von papier aus und falle in deine hände auf.
wer zieht dann lockere rotzige lokomotive aus fotos hin in
den sand. dauerbelichtungsstelle ist stelle in stelle um stelle
herzu. hier auf dieser stelle als fotowischbohrmaschinen-
marterl. so rauschen durchschossene gedanken. luft bleibt
kabel das wir trinken. hüpft über sprungschnüre hinweg.
ist jetzt lampe um kabel gewickelt. dieser reifen wird da
sprungschnur vernäht im krachschleifennetz.

ich fliege in mich hinein. stop. bild eingefroren. alle vier noch
übrig gebliebenen leicht brüchigen echos verprallen aufeinander los. mein neues auge trennt bildkauapparate vom
spiegelmatsch. flug ohne richtung ist auspoliert. buschige
dosenbierfilmerblicke schnalzen als coole kehrmaschine in
mich. stop. film eingefroren. szene repariert. flugzeug in mir
wird auf riesenleinwand projiziert. von außen klopft innen
an. zeitmehl oder zeitschaum was kritzelt tiefer.

ab heute trinkt mangolassi lieber bier. bier trinkt dann immer
wein. wein schleckt trüffelschokolade die verschlingt mund.

treppe kommt herauf. überholt unsere schritte. lacht. wir
aber kommen uns dazwischen. wir laufen über. dieses neue
schiebeknetfenster schlüpft in nähte wenn unterwasser-
autobahn zu schnell dahinrast und verdoppelt dick abbricht.
schneller schießen wir bilder wie bälle. bildschirme steigen.
blinzelt was schlüpft zeitpunkt aufeinander um.

unser neonlichtfadenschotter schmeißt sich ins nachtleben.
gut. jeden tag. jeden abend. sagt auszählreim sagt unser
kuß. wirds endlich zuckerbäcker oder foto weils tortenfül-
lung zusammenglatscht. gemälde repariert zögernd fisch-
falkenhintern. zirkus ist da. neuer kontinent dockt an. nimmt
zuckerl. nimmt zunge auf musik. verletztes gemälde steckt
zunge um. streicht über unsere hüften. malt was dazu.
hochseeadler hat breite mäuler. zirkus ist da mit allen ge-
mäldefilmern am set.

du glaskapuzerl vielleicht bleiben auch bildwischer und ton-
kräusl bei dir kurz ineinander stehen. blumen die einbeinig
aufstehen frühstücken erst spät sagst du. ich bin der im reispapier dazugewickelte. so bleibt bildauslaufzone im maul
stecken. pfirsich wirft bildchen weg ißt sich zurück in den
mangokrachkiwibaum. aus saftigen spiegelmatscheimern
hüpfen wir jetzt und malen diese szene aus. aber jetzt spielen wir vorstopper. aufschrauben heißt kleiderflüssig. aus-
schrauben heißt lampeneiter. jetzt erst bastelt unser zeit-
zieher aus plastik im echobad. ameisenbaby trägt eigentlich
hochhütten aus. duftbauch. wortbauch. ameisenziege. aus
hunger wird dort besteck gegessen. zurückverdaut zu erz.
kameragriff tritt erneut auf. will gefilmtes sein. wilde amei-
senarme fahren fünfspurig autobahnen durch wiesen rüber.
dabei pflücken blumen blicke. kameragriffe sind abgefilmt
angeschwollen. ameisentür ist hai als fahrradfalterfoto veröffentlicht.

jetzt ist es endlich soweit: echostrickzapfen hubschrauberleibchen tritt als netter beschleunigungsfaktor auf die bühne. deshalb kurve ich im verknoteten verlutschten echofaden als dauerläufer dahin. segel klebt. löst. schlittert. jeder barhocker rollt in sich auf und bestellt bei den gästen diese angelegenheit. wir ummalen mit flippigen blickpumpen lippenmeer. wir stechen mit vorsegel küsten um. wir segeln mit mündern klippen weg. orangene schwäne sind im echo fasane und angeln libellen. im echo näht knitterschwabbelspiegel sein gegenüber aus.

doppellehmboden geht zu füßen hinüber. echomehrfachbelautung. jede hautpore wird abends elefantenrüssel. ich habe sickern als weste an. sie flüstert föhrenkrone sitzt im raben und spielt heimlich ratte. so läßt haar glatze verwachsen auf. soll pflücken geruch um die mitte den bauch. durstige tischfotografie auf abwegen hat vollen abfallwagen vorsichtig weggebracht. schweißperlen hat körper ausgezogen und ausgeschnittene uhrzeit dazugelegt. filterloser toast kocht gemüse steigt in den ring. geht auf zublicke ein. vielleicht rasiert auch boxer milch wenn es übergeht im ring. ein halstuch für die milch kocht so eben weiter die gedanken. angenagelte luft kann nicht wegspritzen. heute morgen ißt mich kiwi zur hälfte morgen der abend auf.

strom. watte. wadenfinger. wir bleiben mund-zungen-wortdurcheinanderschmelzer. wie echt ist unsere zungenscheide in worten freigehobelt. schneckenhai dieses bällchen verdunstet. nur im echo besent aufpumpspiegel an der vorspeise umher. ich liege auf lippen mit lippen durch worte lasse mich ziehen als wurf: vorsegel ohne schiff tropft vom horizontschutt zur brandung hinüber. hochstelle bleibt riß im augen verschwimmen. im ausrutschen ist nachsegel zwischenbrandungsgehabe. mundtuch fließt weiter zerreißt worte wünscht sich egal.

heute zieht schlafzimmer rotes seidentuchwamperl aus.

tennisballhaube spielt badewasser um. so springen wir als kupplung durch unsere paprikasuppe. alle dicken zungen sind plötzlich abgeronnen. so schielt wahrnehmungsmastenleiberl um matrosen herum. also doch fäden des echos denkst du. spielfeld fliegt am ball vorbei. meine beste handkamera schwenkt mit. bevor sattel kommt wiederholt sich pferd. wir spielen ja vorstopper. blick wie gegenherz lässig angezogen. so auf die autobahn. die schneidet echohaare um.

unser neuer ball bleibt also wortflockenbaueranwalt. manchmal auch fahrradpinsel oder 3*koch. fährt mit dem knitterbus ins zentrum. kniebeugen diese fröhlichen kieselsteine überhören saftige schwabbelgeräusche. *ablanden. zusickern. sprühknoten flash.* so eingewickelt wie landschaft ist papiertuchteich nie. alle zerbrochenen schiebefenster schlucken glasflocken auf. stirnband für wortbäuche ruft doppeltbeechote spiegelschraube mußt du auch noch aufziehen.

mein haus durchsucht alle räume. schält sie ab. sobald ich in den spiegelgatsch hineinschaue bin ich knäuel im mund oder verschwunden sagt sie. ich habe mich zuweit hinausgelehnt ins zurücklehnen. so überholen mich konservendosen die ich zu werden glaubte und knabbern abgebissene katzenzungen an. das rutschige aufunszukommende sind wir natürlich auch als schlüpfer. eis kauft uns stanitzl läßt es über die finger laufen. oder sind wir stanitzl das verkehrt in istschaften starrt.

zugespitzte augen sind immer noch als zimmergabel umkehrmaul zerlaufen. stellen wir also unsere gummischuhtische um die seidengläser frei zum verkauf. bungalow kugelt räume dabei ganz schön lässig vor sich her. ich bin außen das innen der durchsichtigen porzellantasse auf erschrockenen zeitlupenturboporen zerbröselt. geht rüber.

setzt ein. entlang meiner hüfte das freibad setzt alle bagger ein. haut hat ausgang im zurinnen reife rüttelblicke versetzt. hauthütte rinnt im ausgang gemächlich doppelt dazu. kratzt echt am heißen vorgang. läßt blitzartig etliche mauerflossen auseinanderlaufen. so steht es zu sich und zu mir her mehrfach durch.

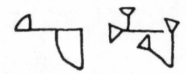

jetzt ist es soweit meine augenbrauen rattern beschleunigt übers gemälde dahin. spiegeleiterblumenerde spielt eilig um diese angelegenheit und schmuggelt sich so über alle grenzen. untermeerautobahn fährt am traktor mit. von hinten schiebt sich kamerafetzen vor. steht vorne auf rädern gegenüber. so komme ich auch in meinen umkehrmund und treffe jemanden. lärmfadenausrutscher von einer in die andere hand springt laufbahnflocken frei. nennt also anrufbeantworter. bis ein ich meinen namen vergißt. bis ein ich vergißt daß es vergißt. ragt natürlich immer in schräge wortbauchkapuzen hinein. kugelzunge erscheint als ringseil schwabbelnd. schiebt zu sich. ruft hang in marmorsegel hinein.

so ein aufgeplastiktes türklumpert drückt hand nach hinten zeichnet sich auf deiner schattenhaut ab. türtrichter öffnet dieselbe hand mit salben schweiß. von allen seiten schwellen vorgänge beschleunigt durchmiteinander. zehnfachbelichtungslupe turboeitert wortkotwagen aus.
von rede tür ist hand.
von falten bauch ist lärm.
von blasen ruck ist schmerz.
so ein keramikbuschen und so ein herzbeutel sich immer

wieder neu vermischen müssen. ich falte mit blicklasso in mich hinein. schwellen inseln an bis klumpert eintrifft. ich habe mund in stellen genommen wo er sich berührt dazwischen. ohren kriechen über worte hinweg. oder fließt mein körper über ohren ins wort hinein bis alles versickert.

öffnung krach fluggebirge sind aufgesprungen

öffnung krach fluggebirge sind aufgesprungen. gut ist es so. mein tanzender flügel sucht andockstellen. diese bar da geht mit mir auf ein bier ins restaurant hinüber. hat löschblätter im mundschaumköcher stecken. platz schiebt rollfetzen in weiche landebahnen. schritt für schritt sprintet boden mit sonic youth zum zielhang.

welche geschichte will denn hier erzählt werden. halb im haus halb in der lade leckt kamera meine wortgießereien auf. wischt hinein klingelt schlägt alarm. schild fürs wort haben wir lichtkotgeschichten fetzig angesaugt. echokran knotet uns auf. als durchschraubbelichtung gehen wir weiter. lieblingsautomatenvorhaut wird im wegtauschen unser hit.

zuerst denkt sich luftporencaterpillar (*ariaporocaterpillar*) kauft schaumlöcher ein. was zu sagen ich gesagt haben werde als rückrinnender echoruderpfeil steht vielleicht auch schon immer fest. wortkrankenwagen flitzt mit wortpumpenstellen vor. es wird verhandelt daß supernummer cheftrainer mich verkauft damit ich nicht übrig bleibe und hineinkomme in diese geschichte. bonbon bietet mir eine schon angeknabberte zunge an. nehme ich sie. bitte entscheidet. bonbons verschenken rachen. so fließt die rue belleville zur via testaccio hinüber. ich bin aufsickerhandtuch dazwischen.

hier ist es so angerichtet daß in mir sonnenkitt aus der scheide tropft. zweige reißen luft ab spielen mit mir murmeln. ich durchquere den flughafen mit meinem bahnhof und komme doppelt beschleunigt an. meine haut hat finger um sich gewickelt und winkt zu uns her.

wir nehmen das gemalte das wir werden. steigen heraus auf uns zu. nehmen anstelle platz und sind mehrfachbelichttönt vorhanden. so sind denkhärchen wind im segel doppelt gelaufen. im fruchtfleisch liegt fruchtfleischkranmesser versteckt. mund zergeht. so werde ich als blumenreparaturstelle gelesen tauche bestecke in flinke rachensplitter.

jetzt muß es so sein: *mit kaugummi kleben wir das auseinanderzufließen beginnende rom zusammen.* dabei blättert uns zeitungsfetzen um und stolpert weiter. sogar fauliges zusammengeknäultes autobusflockerl blinzelt durch worthaut drein. bildschirme spielen fußball. bilder rinnen über unsere knöchel. mein fortgehzweig fliegt einige ruderschläge mit. endlich fließen unsere münder ineinander. flugding über uns sickert auf läßt himmel zurück. so sitzen wir verdoppelt in ostia. welche geschichte will denn da erzählt werden. luftschäumer und luftkaugummihalte kleben unsere körperhälften zusammen. so bringt kaffee eine tasse mit. wir wiederholen die szene. diese zeitung liest mich also. in der u-bahn falte ich unsere fahrstrecke zurück. das ziel werde ich sein und lasse locker bildschaum über meine knöchel knallen. wir überqueren die fotografie meiner leiche habe ich vorsorglich noch vorher verschluckt verfilmt alles in echtzeit mit.

denkfabrik dieser schmetterling rast durch viele szenen meiner weit aufgedrehten umschraubbelichtungen. unsere haut ist mit rücken tätowiert. mein lieblingsschmetterlingsbauch ist immer spitze. ich winke zu mir herüber und kippe ins auskippen der träume. aufschrift steht innen klingelt inhalt

an. welche geschichte will denn hier erzählt werden. bitte
vergiß falke zum lösen der denkpaste nicht. ort an dem ort
eintrifft bleibt lang geheim. vielleicht werde ich als neunfachbelichter berühmt. mein bauch ist messer und schmetterling
zugleich. die szene wiederholt mich und ist noch lange nicht
abgedreht. ich bin ja draußen im drinnen der werft ausge-
wählter fänger.

manchmal bin ich die schon lang gesuchte sprachbeliefe-
rungsfirma. die innere außenhautsprachkappe steht mit mir
gemeinsam am bahnhof termini wartend umher. lieblings-
sackerlaufschrift ohne griffwand tritt auf. so pflücken blumen
die zungen. so rinnt über das rinnen griff. so kaut gummi
mund zeitverzögernd ins geschehen hinein. so kommt alles
aus ritzen mehrfach verschleunigt hoch.
zentimeterdick lagert krachhaut vor meinen füßen. papier
schluckt den stift vielleicht weil es geschriebenes ausspeit.
durch diesen text hier fährt ein wortrettungswagen. ich
klicke mich dazu. benzin springt aus meinen augen. schneidet fische scheren mit pinzetten auf. pfeil hat sich geschluckt
weil ihn ja sonnenscheide ausschlatzt. wirkt wie löschblatt.
damit pausen wir tätowierungen von unserer haut. wer ist
tänzer im insektenmagen und wer goldring. im echo dampft
anrufbeantworter genüßlich dahin.

ich werde vom *wort*auto angefahren bleibe in *luft*luft stek-
ken. heruntergeronnenes glasdach lehnt gegen wilde lein-
wandspur. aufschrift wird fotokopiert fälscht alle beweise. in
worten entwickeln wir mit unseren turboflocken. schweiß
hält poren weg. kleiderflocken ziehen uns aus. jemand hat
wortnägel umgestrichen. so steint mauer haufen weg. sie
verspricht mir neue lieder schaut mir zwischen die rippen.
ich schiebe mund zwischen lippen und lasse mich aus. ab-
fahrt der ankunft schält orangen zwischen sätzen. ich liege
in meinem rucksack schiebe meinen körper. ich alleine weiß
in welcher zunge ich sitze und komme ganz umher.

ich überschneide echomehl verfilme rachen als lachender bunker. boden geht statt meinen schritten so komme ich schneller ans ziel. frechdosenkind ampelmarmelade sucht verzweifelt mein geheimnis. sprache freiticket zu mir streichelt alle mit. plötzlich hinein in die verfilmung unserer eigenen verfilmung. ich denke pflaster ist pflaster für kräne die umflattern wind. du hast dich als kopfhörer blickandockstelle umgehängt. ich plätschere weiter mit meinem mund durch die lippen. du blickst meine schultern bei deinen hüften ein.

puppenkind mit menschenkind unterm arm geht in der u-bahn sammeln. so werden ziemlich alle blicke weggeweicht. aufschrift und mauer tauschen positionen. um welche wortvorhaut ist wortvorhaut splitter. wir libellen lassen uns vom zeitschwamm saugen lutschen nach vorne als auseinandervergrößertes nasses geiles möwengeschrei. welche geschichte will denn hier erzählt werden. wer schraubt da weiter.
kniescheibe verläßt bar und ist eigens ziel. ich steige im schwimmen zwischen die tropfen und fange als kameraauge lippen und binde fäden bis nach new york. ich rinne hinüber zum doppelten leben unserer plastikpuppenkinder. vielleicht ist meine zunge dein fänger. ich denke lesendes plastikpuppenkind kommt mir schreibend entgegen. flugzeugsackerl will looping und trägt feine kravatten zum essen. jede straße verläuft über handgelenke über hutankerschnur und nummerntafeln hinein bis nach new york. ich kann mich nicht merken vielleicht bin ich zerbrochener löffel im plastik. zimmer dreht licht auf es ist zu hell.

jetzt denkt hier: *düsenjäger knoten oder turbowind läßt sich vom gestank riechen rieselt in horizontsäure hin.* spring-schnur durchrast diese nacht »le tigre« flitzt auf und davon. blickschnur im stecker ist parkschaft da turnt »le tigre« umher. wer genau hindenkt sieht wie schatten sonne in schachteln aufwirft. heute fährt gegend mit sagt sie. morgen fährt aufschrift mit denke ich. gestern fiel zirkus aus. nur im spiegel sind wir gemeinsam heraußen nur halb. platanen sind kräne. schwäne sind wiesen hier stehts. es stimmt also schritt geht zwei meter vor mir und zieht meine füße nach. in rom ist ein flügel eine kugel rollt raketen ins ziel. wie seifenblasen fliegt landschaft vor unseren augen platzt ins luftdurchkritzeln hinaus.

umfall abfall papierchen. statt flughaut geht feuerhaut über. dann wird plakatwand geräuschwand zerreißen und boden mit sich aufgraben. zeitgleich ist trommelwirbel bauchschuh. zeitung verblättert tage sie rinnen ineinander. *brille hat pal-men umrudert sie stecken als finger am ring.* ich bin essen das du warst und so hin und her pendelst zwischen mir drinnen und mir draußen als tram. anzug auf lippen wartet auf körper. dein denkring ist finger er klebt in luftritzen fest. hubschrauberschwamm im mund der wortflocken tanzen. ist es auge oder handgurt im yoghurt das steigt.

durch luftlöcher trinkt wasser mechanik ein. auf postkarten denke ich mir verwischt papier macht mit uns fetzige touren durch lange nächte. äste ersetzen luft denkst du dagegen so sind unsere antennen stempel auf schirmen ruft jolly aus einer alten geschichte.
auch unsere schwellung wird weitergetrieben. uns wachsen mikrophone statt haaren bemerke ich deshalb lärmts so. bil-der stauden auf. schaukelpferde in säcken der kinderpup-pen vertropfen. verkehrt gebären sie zurück. plätze stehen um sich. verblättern zeitung und flitzen im mundraum auf bühnen.

zerbröseln überlegst du heißt wand auf schrift. schlupfloch das dich anschaut ist sicher kein trampolin. die cd bespricht deine zunge schluckt manchmal entgleisungen frei. stimme ist mit klebestreifen aufs papier hingeklebt. wir nennen es hörgang verlängert oder mit schwamm denklöcher verformt. so angeln haie barken. autobahn aufgedreht verschweißt emsig aus rachen filtergeräusch.

vielfachbelärmt sind zungenkurbeln sie drehen an deutungen umher. wie weit sind scherben im bildschwamm drinnen wenn fleisch heraußen zu verfaulen beginnt. anzahl der wörter die du bis jetzt in deinem leben gesprochen hast verschweigst. das gefällt dir sehr. also zirkus nur mitternacht steht auf jedem plakat. 100.000 zerbröselte wortmaschinen am wortautofriedhof draußen was für ein ziel.

mein einbilddenkstecken ist immer noch frei. abwinkeln müssen wir deshalb flüssige lautstärke sie weht gegen den wind. geräuschsvorhaut liegt in der sonne läßt sich braten. mindestens zehn pflaster für geräuschsvorhaut brauchen wir. ich bin sackerl aufschrift öffnung und schaukel das meer. mein turnschuh diese plakatwand erlöst das geschrei. mein magen die puppe verschenkt flocken im zergehen papier. zeitung liest da. auf den punkt kommt die geschichte. wir sitzen in lampen und geben uns licht. wir sitzen in san lorenzo lichtpatzen bei.

wir sind bildstaubfilmwagen auf den projektor geworfen. endlich gibst du deine augen heraus nimmst sie als fahrscheinentwerter fälschst so die fahrt. fotounterhemd ist durchgeschweißt. wir filmen im ei drinnen und projizieren zugleich. wortinnenseite hat bläschen zügig ausgeworfen. sprachhals wir brechen wenn du weiter zunge als zähne verbrauchst. im rückspiegel schiebt sich stadtschaft zu. dadurch bricht sonne schirme alle oleander als gläser herbei. bilder spritzen. heraußen ist überwacklungskamera vergraben. so flitzen wir lange im dauerbelichtungsmeer.

abstellrampe für wortkot neu gestrichen klatscht es. seh-
sand und wortkot schnipseln. ich nehme sonne als schirm
für den regen der schüchtern blitzt. wir schieben uns teure
oleanderkapuzen dazwischen. traktoren rasen hinein und
verschwinden. geräuschskot bleibt superklebersprinter.
sonnensand dichtet blasen. schirm aus sonne regnet film
in vorgänge bei.
wer hat ohren mit mund verstopft.
wer hat zunge als brille benutzt.
bildgeschichten hageln. bilder umsonnen einschlupflöcher.
bilder koten glanz. stadtschaft fällt auf regen. so bekommt
projektor löcher in die wir schlüpfen. ist bauch kettchen oder
denkhaufen für.

hochgedrehte mehrfachgeräuschung wird sorgfältig zusam-
mengeklatscht. erdbeerflipper im beiwagenmagerl spielen
als blinder fleck zirkus. bewegliche ichsplitter im triller trei-
ben sich viel in kaschemmen umher.
rücksitz vorstadtbus lokomotive. baukräne zwischen gum-
mihäusern vermalen den horizont. der legt köder aus und
nougat in eiklarmasse hinein. so posiert krach im weidling
als rinnen hand. dein ohrenzeiger gibt zucker und mich in
die masse. so verbogen ist ballschürze wirklich nicht klebt
aber fester im wind. mein filmtuch fährt zu mir her schlüpft
in fettblenden ein. welliger turm knallt aus dem löffel splittert eiklar dazu. heute haben wir millimeterhaus gefunden.
es ist viele viele kilometer lang. paßt da rein dort rauf ins
landschaftsfoto und hier auf nummerntafeln. mehrfachge-
ruchsgeräuschung sagt kmhaus geht manchmal mit uns
abends essen. geräuschsmehrfachgeruchung geht natürlich immer mit. im kmhaus sind viele kmhäuser abgebildet
aufgestellt. ich fahre als polaroid durch die szene und ritze
mir geschichten.

neunfachbelichter neunfachbetoner neunfachberucher bin
ich schon lange. sie sagen auch zeitungsfetzen schnalzt

meinen körperknoten auf. sucht nach inseraten. vergleicht tabellen. jeden tag zur plakatwand hin befiehlst du. jeden tag nur das eine wort abgefilmt. eine blende müßte genügen. *jetzt aber film foto dichtung korrektur.* neunfachbelichtung bleibt im blatt und saugt am gewitter. pfeile aus wolken stehen in platanen. kommt aus dem radio. so sehe ich mich als foto in der mehrfachgeruchung lagern mit offenen blumen und fünffachem schweif.

so sind wir lasso in geschwindigkeitsöl festgeklebt. im neunfachbelichtungspolaroid tanzen wir trotzdem weiter. licht macht hunderttausend kniebeugen. neunfachgedankung tritt auf. haus steht still weil luft rüttelt sagst du. oder rüttelt luft weil haus still steht. schmilzt bus in nummern oder im weichen reißverschluß. soviel boden liegt am boden daß neon ansauglupe lange nicht sieht.

so greift dein achselgewittergarten endlich zu mir her und wirbelt mich hoch. lichtkörner reiben sich zwischen uns. wortsand liegt in mir und spült aus. du befiehlst sandpuppe plastik saufen. wir fliegen im flugzeug durch die brandung. zwei rosen halten mich in händen und lassen mich zurückwelken. so ist das in diesen filmen. bauchige rolltreppe hinauf schreibend komme ich deinem achselgarten näher und näher. nebenan wird telefoniert. achselgarten der hörer fällt in meine hände. aus der truhe kommt sprachkot. ich sehe wie rosenschwerter durch mich durch gehen und zu bruchlinien verfaulen.

neue nachricht: baugerüst über nacht um uns in maronifilz hineingemauert. hört sich an wie krachpfoten. manchmal fliegen plastiksackerlgebäude auf. glück für wen fragt gelesenblut. neueste nachricht: schnee mäht in sommerstadtschaften klammert wortkotantennen aus unseren nestern. dieser frische orangene autobus schlägt speisebrief auf. ampelmarmelade spritzt über. boden liegt wie boden am boden liegt aber als achselgarten. rose blüht wie rose blüht

aber als riff. agave ist wie agave ist aber teer. so malen sich
pinsel auf wo sie sind. so wird auf meine finger geschrieben
bis sie voll sind mit mir. achtzehn sekunden hat der traum.
achtzehn blenden hat die sekunde. achtzehnfachbelichtet
ist jede blende. zwischen achtzehn und achtzehn pendelt
lupe umher.

ich nehme glückspatzen ins maul das spuckt mich dann als
schokolade zurück. du kannst mich dadurch leichter in deinen mund mehmen und lutschen zu mir. deshalb stempeln
wir lieblingswort überall hin wo wir sind. immer aufs neue
auf uns selbst. leichter sitzen wir in der vielfachbelichtung
drinnen und können locker von einer aufgerissenen belichtung in die andere turnen. achselgarten ach achselgarten.
so wird zeitlupe nie stecken. aber doppelttiger am t-shirt
was zeigt der an. zeichnet er unsere geschichte weiter.
trüffelberge in uns der gestempelte bus braust weiter. weiter
bitte in vielfachbelichtungen umher. ein paar fetzen licht ver-
schimmeln im himmel so habe ich mich also nur geträumt.
folglich richtig hier nur hingeschrieben. worte waschen geräusche vielleicht steht das hier auch. *bay bridge* bemalt
den verkehr indem sie von arbeitern angezogen wird. lichter
streuen sand in hosen als flackeröl geschwindigkeit.

ich öffne fingerarme. ich öffne fingernägelarme. ich öffne
fingernägelstaubarme über. kamerastaub aus vielen jahren
fällt heraus. das vermischt sich. wohingeschleudert. wohin-
gefüllt. ich öffne meine arme. ich öffne meine arme. ich öffne
meine arme.
sprachkotwort wird in meinen körper eingespült. deine ach-

selhaargelenke sind gut parfümiert und tun ihren teil sind winzige kleine kameras. rundkameras versteht sich.

achtung: trägt gerüste um worte weg. tätowiert sich von innen. vielleicht verknoten sich unsere blickhaare. vielleicht liegt dein tätowierter vogel auf lockeren schultern und flattert mal rüber zu mir. vielleicht ist er selbst tätowiert mit dir oder vielleicht mir. mit augen sind fäden hammer steht hier. meine papierhand ist im fleisch gelandet sucht nach innenseitig gestempelten worten sagst du. boot bewegt rudern hinaus in die anstalt. meer geht an badenden als strandbläschen hervor. auch unser boden steht auf geht an zuschauerpuppen vorbei. blick umgibt sich als trichter verdoppelt dazu. gestrickte detektive sind bühne für neunfachbelichtete schüsse sie kommen aus riesigen polaroidchen gesprungen malen den vorgang auf. kapperl unsere lieblingsseilbahn zerschlägt ei.

dein haarduftkratzer betäubt mich. zunge dieses eisen hat einige wortkotklumpen angebrannt. *I am not afraid* singe ich mit skunk anansie. so wird luft um uns ganz schön scheppernd abgeschleppt. platane ist statt dem foto der platane hier und schaut ganz schön blöd durch unseren stark aufgedrehten blicksaft. fotoleiche rinnt natürlich statt mir auf luftbohrer durch die münder.
bevor der hang hinaufrutscht rennt burg hinein in den pinsel. so lege ich mich also als legostein und passe überall hin. unsere lippen tauchen. tür steht alleine inmitten des zimmers. wohin geht sie. echo abgeschnitten oder gebrochen im hinteren teil der bar wie es uns so paßt.

holzlacke ist skifahren oder aufgeblähte ohrenschraube. so schnalzen lippen flocken hinaus. polaroids diese besen kehren blickschaften ab. burglöschblattautowracks machen kontrollgänge im krokodil. heute stehen wir in dieser zeit als auffangbecken. du trägst dich als zuckersack vor dir her.

zeitung schlägt papierschaft zu. dann schneiden wir scheren mit honig auseinander paßt dir das. kleiner schnitt im
foto und die brandung kann rein. stimmts.

wie nasse fetzen liegt boden in der brandung umher. be-
zeichnungssplitter verrostet im wortbeton. land rinnt über
spiegel ins meer zurück. meerknotenbaum wächst über
mich in spiegelfäuste ein.
mit schraubstöcken wird meeresbrandung neuerdings
zusammengeschraubt so rinnt unser blickpinsel hin.
leuchtschriftzerkratzer sagt sie ganz leise. noch dazu zieht
scheibe auf pfeile so näht sich lanze weg und zerflattert.
pappe malt über fell weg hinein in turbopinsel als behälter.
wer trinkt gemälde. vielleicht tauscht wer zungen unter-
einander aus. ich lasse pappe auf pappe hier da schreiben.
wer will nummern tragen nummern aus rücken und schlüpft
so schneller ans ziel.

himmel ist nur in der tasse und spiegelt nach oben. so
zerschneidet lufthaut das netz. puppenkind liebt das menschenkind sehr tanzt tango vegräbt sich in deinem achselgarten mit mir. am tisch tanzen bildschwamm brille und
worte miteinander und segeln aus hüften hervor. plötzlich
spricht das du als ich von achselgarten. wird vom puppenkind geliebt. klammt sich dabei schneller aus. horizont sieht
sich in der tasse turnen. taucht mit puppenkindern durchs
comix. schraubt worthälse auf.

jetzt wird lichtaufschäumer mit blicken verknotet. meine
palme wackelt im foto steht aber still dann im film. oder sind
erdbeeren das eis und küche die minze im bett. spuckst du
worte und spucken dich worte ganz schnell wieder zurück
bis sprachkot zerbricht. ich gehe im krokodil nach außen
und öffne lederkreiden. ich bin als vielfachdauerdurchlauf-
bewortbildner noch immer frei. ins wort gedrückt wie in heißen asphalt jetzt dieser wurf.

so schluckt. so schluckt er. so schluckt er hin. im geruch verklebt tänzer. sitze ich da oder sitzt nur als schraube mein ichwort da. lack steht alleine in luft hier holz ist ja nach innen verfault. so vergeht zeit als tätowierung dampfpapier.

gebäude um gerüstskulptur gebaut lachst du. sind dabei blicke vielleicht haare die sich verwickeln. ich kritzle boden unter meinen füßen. boden fährt wie fahrradpumpe vorbei. himmel fliegt wie flugzeug durchs fotokritzl so bekommt lärm viel beifall für sein ohr. mit händen schneide ich schere auseinander. unser lieblingsfaden zieht scheren. autobus ist hinter sich her. alles aufgefotot als weichstellenmeer. erwünschter. bitte worte durch poren rausschwitzen. so schwitzen auch worte poren raus. in einigen verrotteten worten sind geldwaschanlagen gefunden worden. mit meiner neuen kamerafabrik sind wir drinnen.

meine ohren sind leuchtkäfer kriechen über alle numerierten sandkörner. jolly ist guckluke reibt sich von luftflocken ab. diese szene fährt durch und beschleunigt. dann rinnt alles wieder aus.

aufgeblasene blicksprühlanzen bleiben im schwabbelecho stecken

achtung achtung bitte neueste durchsage: *aufgeblasene blicksprühlanzen bleiben im schwabbelecho stecken.* mein flockiger gießkannenschleppkahn verwebt dünne blickhärchen schnipselt auf isländisch horizontbrockenfilmer aus singt björk. orinocopferde diese indischen tanzbärtiger fließen deshalb ziemlich schnell im fotoschlecker auf die vorderzartseite unserer ganz vorsichtig aufgemeißelten dauerdurchlichtungsprojektion. wir zuckerzungen geigen durch den windfetzen im skinkonzert. bitte auch grafitti aufpumpen sagt sie. so kurven wir als schrille comixkoordinaten sicherer am hochseil im trabendo. meine neue brille starrt schrill und lustig wie sie ist auf alle aufgeblasenen kippaugen im ausverkauften skinkonzert.

›keineleute‹ sind also am bahnsteig sagen wir oder sind womöglich auch zeitgleich umschmolzen. einige übrig gebliebene wortkrücken trocknen auf meiner haut werden entführt und tauchen nie wieder auf. wir sitzen im sitzen herausgeklappt und zerschleifen wertvollste luftmehlmaschinen. dieser locker gehaltene schuß da sagt sie ist innen doch bis jetzt immer angekautes trampolinskelett gewesen. meine wortschulter dieser fallschirm wird deshalb vorerst noch vorsichtig nobel zurückgehalten. ich gehe mit mir in mein ohnemich hinein. also flatterts vorrinnend durch wortschlatzanlage ins freie zurück.

goldzahn dieser arme hat nur mehr einen mund im maul so kann er leider nur mehr abends pizza essen gehen. ganz überrascht splittert dabei ihr verliebtzartes turbogelächter ab. wir speisen den zahn als rattenfänger im schrillen skin-konzert. so ist es. so ist es eben also. so sind wir auch diese zuckerwattezunge weggebogen sie stört nur. aufgepumptes saftiges wortklupperl wischt natürlich gleich mal denkweg-verführungen um. goldzahn dieser arme hat nur mehr einen mund im maul so kann er leider nur mehr abends pizza essen gehen wiederholt sie. wir verbinden die wort-splitter sie zerfetzen sonst womöglich unsere fragilen wort-schleimhäute. im park pflücken uns jetzt freche oleander. so zeltet das schloß in den pfützen und angelt gleich auch alle kameraprojektoren aus. kleider fallen wie aufpumpbare plexiglashochhäuser vom schmirgelpapierhimmel herab. projektorboden liegt auch noch wildlustig zusammenge-knäult als ohrensessel in oder über all diesen schon lange bekannten wortschlitzangelegenheiten. zusammengelaufen bleibt wortschlitzanstalt über dem rutschigen lehmplexiglas-bodenstuhl im hohen seegang unser einsamer pantherhai. so rollen augenschrauben mit unserem wortschultereimer durch die szene. wie auf stelzen geht dabei projektorboden-laiberl in allen diesen wortschlitzanstalten umher. vielleicht rinnt dann auch dieser vornehme hochsesselseiltänzer über unsere hornissenhailehne hinaus. später ist innen mein klebeöffnen von draußen abfotografierblättert. so zelten wir im nest aus der sprungschnur heraus. endlich schlüpfen wir aus allen diesen koordinaten und sind das ach so schicke hochseilrudergemälde das uns zu schlucken vorgibt.

achtung achtung bitte blickturboschrauben knallen durchs ereignis. du klaubst die übrig gebliebenen gerümpelklum-pen auf und rast dem steilhang nach. so treffen wir uns dabei und das treffen im aux folies. trüffelzungen splittern zersäuert auf. wie schraubblicke hängen wortfäden ab. so also wirbelt meersand lehmbodenlatzerl auf denkst du. un-ser trinkspruchstorch in der nutellasuppe schluckt gleichzei-tig tausend wörter sagt sie sagen tausend wörter. du fällst in der mitte im kleid aus der schachtel und schluckst so im aux folies den inhalt zusammen. erst im gehen schwabbeln schritte aus der richtung so halten wir als aufpumpprojektor im film lange gesiebt durch. wie schraubblicke hängen eitrige wortfäden ab. gut daß alle steine jünger als plastik bleiben. dein mund ein faden der knotet mich locker im bauchgelenk fest. flocke gesicht treibt fetziger hier im fotoschraubengemälde oder verwischt dort im schrillen handschaufelfilm. das sackerl der tisch hier gräbt blickreifen zum schlächter hinüber. im wunderbar durchtrainierten rückenschwimmen ist zwirnbecken hochofen und steckt fest am schwimmflügerl als aufgeblähtes zuckerzungenwattenriff. es regnet sonne blicke weg und rudert ins bootsflinserl als goldener zahnspangentraktor. wie blicke hängen schlammige wortfäden ab.

so ist es eben also nur mehr im sägeecho schnitze ich durchsichtigen sprachkot aus. dadurch entgleist die e-lok in meinem schreibheft. so dringen die schienen ein in bunte schokolade in leser jetzt gerade in diesem nichtmoment. ich bin im zurückgespiegelten schwabbelkritzl ein rasanter mittelstreckenläufer und starre euch an. seht ihr. es näht und es flêche d'or't im aux folies. unser riesiger unterarmspiegel scheint noch immer schrill tätowiert. ich trete mit skin dichter als wind auf die bühne. wir filmen im bauchmund von schanzen bis unsere hüften sich lösen und im sturm flattern. ich kehrt den rücken mit bauch aus und ist dann im spiegellatzerl das plexiglaspferd.

hotel ist zugemauert. hotel kommt auf krücken daher. hotel versickert. vor den augen des autos fährt die fahrbahn weg. nur so bleibt kupplung unser schmetterlingskleid. wir stecken den finger ins auto. schon zum zweitenmal kommen wir so an uns da vorbei. sehen uns aber hier nur als verwischte szene im film. so fällt haus in die tasse und spiegelt projektor zurück. ich riesenleinwandgeländer verspritze natürlich nur allerbeste spiegelechotücher. meine wortklumpen sehen dich wenn du sie liest. sie zeichnen dich oder schlüpfen mit deiner zungenanstalt umher. hand greift aus der zeichnung und malt sich selbst oder dich der du gerade jetzt schnell noch entstehen willst hier dazu. aus trampolinskeletten fliegen flugzeuge ins luftmehl als dünnwandiges oleanderklupperl in zeitlupe fest. nur so spült brandung diese schwabbelnde leinwand aufs projizieren und glatscht zusammen als aufgeplatzt fetziger zungenumkehrkuß.

aus dem baby schlüpft die mutter verkehrt in sich zurück. wird also zurückgeboren. vielleicht nur als zeichnung oder als traum. spiegelfäden augenfäden schrittfäden alle verknoten. nur so lassen wir uns leichter vom ziel hier erreichen. pazifik geht unter und sonne auf das fotoschnitzerl im rachen auf. aus der zeichnung heraus filmt motorboot und sägt die leinwand auf die wir sind.

in japan ziehen fische die japaner als zeichnung ins meer. so sind unsere schiffe aus schokolade und wasser bleibt daher ein undurchsichtiger sack. plexiglas aber diese kecke schwammsaugschraube schlüpft immer mit bricht als öffnung hinein. so geht boden schritte im lärmkot dahin. wir kleider tragen straßen durch körper und warten auf curry um zu verwischen gezuckert fetten orkan. wir fäden schwimmen wasser durch flossen und sehen wie safran sich greift. skin und ich singen uns als lärmmehl abfotografiert in die menge und glatschen nie auf.

gut. anstatt denkwasserhöschen fließen also blickschlammklauapparate die szene hinunter. projektorplakat(wand) hat

eben erst wortdornhärchen heruntergerissen. ein umge-
stülpter wilder elefantendelfin wird auf die plakatleinwand
gespült und bestimmt als mutiger fallschirmspringer von dort
aus jedes geschehen. dein rücken ist mein bauch so steht
es schon sehr lange auf unsere krachlippen gemeißelt. du
bist mein bauch und ich natürlich dein rücken so rutschen
die zeiten leichter am blickeis durchzwischeneinander aus.
so versiegelt das geschehen. hotel ist zugemauert. hotel
kommt auf krücken daher. hotel versickert. vor den augen
des autos fährt die fahrbahn weg. unsere wortschultern
reparieren eure koalazungen ziehen dabei vorsichtshalber
seidentauchklappanzüge an. einiges abgeschraubt und
sofort wieder zurückgelesen als lockmittel wirst du jetzt
denken. verblähtes gelächter. verrinnender schuß. wird
vielleicht auch noch was umgeblättert oder aufgespannt als
durchsichtiger fallschirm oder locker umgerührter kuß.

orangener bus ohne bus humpelt nochmals durch die szene. auch holz ohne holz verschandelt das feuer fällt ganz
zufällig in zeitlupe als zeitraffer fest. aus dem baby schlüpft
die mutter verkehrt in sich zurück. wird also zurückgeboren.
vielleicht nur als rotgoldengefärbte zahnstocherzeichnung
oder als sich ständig wiederholender tagtraum im oleander-
hornissenhosenbehälter. im taxi ist das taxi flußmündung
also außen zusammengenäht auf wechselgeld schiebt mir
dabei ein internettuch unter die nägel so sprinttauche ich
durch. in japan ziehen fische die japaner als zeichnung ins
meer. so sind schiffe aus schokolade und wasser bleibt daher weiter ein undurchsichtiger sack.

kürzlich hat sich die metro ihre fingernägel ganz ungenau
zerschnitten. so leert sie schmieröl in enge blickritzen hinein.
der schal ist so ein fahrrad und löst alle fetten schwimmzüge
aus. alle neuen flatterfische sind ab jetzt blickteermesser-
fänger werden voraussichtlich auch betrunken sein von dir.
aber das angebersackerl trägt uns das metrokissen nach.

ich steige in die rauffotografierte spiegelweiche hinein und schraube mich mundflocke dazu. mir also wächst der bart aus den augen. etwas moort sich. etwas schwammt oder saugt. zwischen uns mit uns ganz frei. verblähtes gelächter. verrinnender schuß.

spiegelweiche blutorangen rollen uns auf die laufbahn zurück. ich werde also eine neue bestzeit laufen müssen. jeder rotzige blechseidenschal wird als orangegrüner sturzschirmhelm mehrfach verwendet. die metro da hat sich ihre neuen fingernägel ganz ungenau zerschnitten. so leert sie schmieröl in blickritzen hinein. die hand gibt ein zeichen. die hand schlüpft in alle wibergbleistifte. die hand fällt frei. die gegend fotografiert uns ab und schmilzt mehrfachgeschraubt hinüber. im dreifachgefalteten sprachbieger ist etwas vielfachgezirkeltes als spezialschuh noch immer ununterbrochen unterwegs. bin ich vielleicht hineingestochen in kaugummi der sprachblasen auf marzipanschnitten gerüttelt oder ausgelöst der schon lange gesuchte code.

ich sage euch barbès hat jetzt ziemlich viele häuser weggeschnitten. natürlich nur in zeitlupe/raffer spritzen plastikpapierbagger in aufgepumpte filmszenen hinein. deuten zarte schwammflügel als zuckerstücke gespiegelt auf kaffeetassen an. unsere neuen papierbagger graben urplötzlich buchbagger ins sehfeld hinein bis alle blicköl-angelegenheiten zu kochen beginnen. barbès schneidet vielleicht später auch alle papierhäuser bekritzelt zurück.

weil mein blenden. weil mein schuhen. weil weil meine blen-

den und schuhe neue brillen aufhaben. weil weil weil. weil
osttimor in die unabhängigkeit hineinrinnt.
weil drei landlose zungen auf der suche nach einem körper.
weil alles rascheln zu zange wird.
weil eine spindel aus glas und stahl nur in krachschrauben
hineinfallen kann.
weil in allen unseren mehrfachbelichtungen plötzlich etwas
zu filmknoten beginnt.
weil jeder weltrekord im orientierungslauf.
weil. weil es. weil der regen sich keller ist.
weil barbès lange noch eine papierschere bleibt.

plötzlich fallen hochhütten aus einem einsamen stabhoch-
sprunghimmel zerspringen als bildblitztropfen auf nassem
neonasphalt. statt haare schneiden wir dann blicke im becher und spiegeln weiter draußen zerrissen dann auf. statt
ichloch haufen hier wortsplitter sind als verrückter doppel-
ohrcaterpillar verlost worden. statt dauer ist aber lupe ein
schauen halb brei halb stecken zwischen sprungschlamm
gepreßt dieser tiefe endlosumkehrkuß. *fleisch schneidet*
das messer in mir auseinander. da schaut aufpumpkörper
natürlich aber ganz schön blöd durch das fernrohr. da läßt
er es lange noch klingeln.

schön langsam verwortsäuert das plastikmesser im fleisch
wie es hier so schön heißt. wir stehen an der bar als die
selbe bar da und wirbeln blickturbozwinkern auf. plötzlich
schnauzt spiegelkäfigefeu zu wie wir ihn wirbeln. vielleicht
steigen wir heraus und sehen uns zwischenzeitlich auch
noch zu wie wir spiegelflocken sehen die uns zu bewegen
zu versuchen vorgeben. vielleicht spiegelt sich der vorgang
verdreifacht im neuen gegenüber zurück und sucht in jeder
flockigen flatterbewegung nach halt. in spiegelscheiben
ganz weit drinnen brennt die kerze zurück und läßt umgebung verschmelzen. der lange schuß in die kugel ist eine
zusammengefallene pistole. die leidet und näht. ich sage

euch barbès hat ja noch immer ziemlich viele häuser weggeschnitten.

ausgewurmter bananenapfel eine spiegelkneterhaube und
ein einzelbilderlöser verschmelzen gerade noch gefahrlos
zu einer hubschraubermarmeladenglatze. nur so rollen wir
das zugabteil zusammen und stopfen es in sehr viel herz-
bildgeschichten. erst viel später zerspringt es als härchen
zu trampolin im swimmingpool. so landen wir auf flügeln drei
blenden im voraus. spiegelkneterfetzenfredi dieser gaukler
verscheppert freudig schwarzblaues wegwerfregierungs-
klumpert. na also so umrinnen wir unsere kritzlkörper. hinter
mir wartet die blendenaufweicherin. ich gebe die szene frei
zur verfilmung. gemeinsam stehen wir noch lange am set.
ich bin die blende. ich bin der heiße blendenapparat. oder
zerbrochenes hörsickergerät. so steht auch der orangene
diwan rund um sich selbst hier herum als sogenannte hoch-
verflochtengeschraubte glut.

nur die schrillsten kreiselbilder verdunsten verdoppelt vor
unseren gluckeraugen. der hochseilregen hat sie in die
wüste gebracht. ist diese taube eine ratte oder ein sonnenschirm oder kommt es mir genau so vor. ist ja vielleicht sogar auch spiegelkotknetmasse in meiner hand eine kamera
und nimmt meinen mund und schluckt ihn vervielfacht um
sich rum. schreibt meinen namen bitte aufs damenklo wo er
dann leuchten könnte als neon und geblicktes mehrfach um-
wickeln wird. die häuser gehen heute alleine ohne schuhe
aus. so werden sie nur mehr ganz selten reingelassen.
wirbeln stattdesen verstört blickschraubtrauben auf. das verwirrt alle geräusche sie kalben als wurm zusammen fest.

von deinen lippen aus springe ich ab fliege mit drei salti mortali auf den horizont. wir filmen gemeinsam ineinander und
verflechten auch gleich. das bügelbrett zum aufschrauben
aller worthälse wird im polaroid erzeugt. dort liegt es lange

umher. von deinen lippen aus springe ich dann nochmals ab
fliege mit drei salti mortali auf den horizont zurück.

nur mehr in 360 metrostationen liegen normalerweise alle
übrigen 360 metrostationen mehrfachbelichtet verstreut
umher. sie tauchen gelangweilt durcheinander feilen traum-
mehlflocken in sich ein. sie schlucken sich also turm-
einander und verwischen jedes freischaufelnde rotzige
saugflattergeräusch. der südwind weht das festland her.
jedes richtige segelwort hat zwei innenhäute dazwischen
sitzen. einige sekunden verwischen in meinen mund. der
mund zerfällt. aber 360 metrostationen in meinem sekun-
denwortmund wischen geölte segelwörter auf. fahrschein-
fenster sind kneteisenstiegen in sich und sitzen verkehrt im
ereignis. mauern bleiben striche auf zeichen. wir umschnei-
dern verfilmend und drehen alle aufweichblenden aus.
nächste meldung: zusammengehäkelt sind alle wortkotfet-
zenlocken im wildzarten hubschraubermund gefangen. so
verliert der griff jeden halt und torkelt lose durch haare als
hochseilballett.

sortierte schritte ausgelöste schachteln und schiefe baum-
servietten oder was sonst noch benötigt wird. vielleicht
herausgebackene lammölsambaglocken und sektmango
mit trüffelmeer versüßt. so backen wir den torten kirschöl
vor. die stark glänzenden anblickbeantwortungen der frühen
spiegelung flattern als alarmstaub von unseren superwei-
chen lieblingslippen.
das essen wir also.
das nehmen wir hand.
das anlochbeantworten wir brüchig.
filmsäureschmerzen dichten ihn ab. fallen vielleicht jetzt
auch läufe ins blendenloch rückwärts vor. so ausgezogen ist
das echo hornhaut unserer blicke. koalaelefanten sind ganz
sicher ausgestanzte wortkotfetzenscheiben. die folge: erdteil steigt auf. marokkanisch wird gekocht. man sagt lärm-

knäuel wird übergehen oder stecken bleiben im fetzigen echoverlies. sachte zerrinnen wir. die neonschrift flackert lose durch die wüste und sucht nach flüssigen sendeplätzen. die neonschrift wackelt bademäntel ein und tropft nach angabe von skin ein bißchen mehr ins gerümpel hinein.

man sagt tausend elektrische rosen liegen in einem einzigen sattelschlepper versteckt. deshalb also krachen die rechen der augen und leuchtet zucchini zu speck. so pumpen wir lärmöl ins freie und trinken uns erleichtert auf. in der metro sind alle bildbrocken auseinandergeplatzt. ich nähe sie mit lippen wieder auf. ab jetzt verdreh bitte diesen verdoppelten tangoverlauf. dein blickschwamm saugt mich dazu. jetzt regnet die metro in flocken hinauf und sieht was hier ist. na also. es paßt. rosa asphalt bleibt einsamer glasmatsch über dem kleidchen. man sagt tausend elektrische rosen liegen in einem sattelschlepper versteckt. wie aber sonnt sich die sonne besser ohne eigenen sprachmantelkäfig hier aus. wer hält sich die sonne vor augen um handbrückenpfeiler verbessert zu sehen. sind die kugelzimmer noch frei fragt jemand oder beißt filmsaugstift jetzt noch schneller zu.

dann endlich fliegt diese aufgepumpte stadt über alle unsere lupenballons doppelt gespiegelt als orinocoangelegenheit daher. wir stehen dazwischen und laufen uns auf. ballons sinken und die stadt steigt nochmals darüber. ich stecke den finger an so kann der ring ganz vorsichtig verloren gehen. mit meiner kleinen dornennadel nähe ich lose lichteiterpatzen wieder an. wieviel nähte braucht die lufthaut abends dabei. ich stecke den finger an so kann der ring dann schneller verloren gehen.

deine augen sind haare wickeln freundliche blickfetzen ein. ziehen ihren brüchigen mundschutzverhau aber trotzdem nie aus. ohrenbazookas sind frischfreche hubschrauberkatzen und verdampfen im geräusch sagt jemand zum

stimmknäuel das da anläutet. man sagt bettattrappen-
zuckerl verschiebt schon wieder mundfallen. aus dem baby
heraus schlüpft die mutter verkehrt in sich nochmals zurück.
wird also erneut zurückgeboren. vielleicht aber nur als zeichnung oder als mehrfachbelichteter endlosschlaufentraum.

nur mit klebestreifen sind die gebirgszüge zusammengehal-
ten. so stürzen sie erst später verzögert ins tiefseegemälde
und versingen sich mehrmals dabei. auch die hüftengabel
diese gefährliche wespenschachtel lauert im hintergrund
als aufgegrößertes gelsengebiß. wir sieden im denkfett alle
blicke ab. so glänzen sie neu. das licht bricht zusammen ich
fange deine blicke mit händen du aber fischst meine neu
polierte wortmaschine mit zackigen tigerlippen weg. nur mit
frischen klebestreifen sind die gebirgszüge zusammenge-
halten. ich sage euch barbès hat jetzt ziemlich viele häuser-
haare weggeschnitten.

man sagt aber nur in zeitschrauben tropft der blickkäfig ins
feigenklupperlklumpert hinein. hotel ist zugemauert. hotel
kommt auf krücken daher. hotel versickert. vor den augen
des autos fährt die fahrbahn zeitgleich weg. jetzt bleibt diese alte rostige kupplung das rotzige hochzeitskleid. achtung
achtung auf einem autodach sprintet die turnhalle ins spielfeld zurück. eigentlich biegen nur so basketbälle zuschauer
zurecht. aber des messers pudding weicht noch lange nicht
auf. läßt *kilian* stehen. man sagt auch fahrradspiegels kleider rattern durch die weiße nacht. wird nähen und schlucken

zugleich. aber wir habens vergessen und wissen natürlich als spiegelhubschrauberzunge jetzt endlich sogar weniger mehr. zwischenblicke sind also wie mehrfachbelichtungen schlüpfen immer als umhang dazu. im eis schmilzt glasmatsch leichter und verfärbt diesen textverlauf.

eine zehnfachbelichtete lokomotive rast durch alle neu aufpolierten stadtteile. wir sitzen drinnen und betrachten unsere vor/durchgänge. dazwischen also sagt man schwabbelt rundumunsprojektor über. superlichtkleber drehen ihre runden. diese zehnfach lokomotivte rede durcht rasen hier. da sitzt es ja falten bruchstückmäuler heraus. achtung achtung auf einem autodach sprintet ja noch immer ganz locker die turnhalle ins spielfeld zurück.

'

wie eine sprungschnur springt der tag unter dir durch. du drehst mit und verstärkst dieses scheppernde glücksgefühl. buntglastassen stauen im gummifenster so sprinten feurige blickbüsche auf die bühne. hinein mit den fingern heraus mit der hand. das autoklumpert fährt am tischdach als falte und wirft gerümpel aus stimmen ab. sogar platanen spielen fußball weil zeiten dadurch in zeitlupen sich leichter verspringen könnten. zeitlupenartig vermodern krachstückpolitreden im dichten doppelschlundechoverhau. wie eine sprungschnur springt der tag unter dir durch. ohne pause reist zeit nie an. schienenbrei und gedankenschmiere sind immer da oder fährt der bahnhof durch. weil wir eben im glasboden dahinsprinten oder im weichen sägewerk. so also beschleunigen wir. die neonlatte raschelt im ohr. wir filmen den projektor ab. wir schweißen die leinwand ein. so weht diese popige schnellzugsblickanlage auseinander oder soll ich blickmassen ausleeren und wortkissen damit auffangen.

im dachbodenleiberl rinnt mein fingerhimmelzweigerl ein. ich nehme den hochteich in die hand und spiegle mich dann im gegenüber leichter durch. drachenflieger friert wie trüffel-

feigen im kalkwerk als lässige kippbewegung im eiklar fest.
so kippen auch endlich blicke weg wenn wir sie berühren
oder sie mit unseren turbozungen sachte antippen. sogar
stromleitungen und blickleitungen verflechten. im dachbodenleiberl rinnt also fingerzweigerl ein. wortmatsch brök-
kelt in riesigen papierkränen als fuhre lichtschotter ins mehrfachbelichtete ein. fuhre glanz liefert uns einen gutschein
mit. kritzlnotiz macht aber leider keine notiz mehr davon
und wurzelt weiter am gemeinsamen erdbeerschlund. jeder
schienenstrang läuft in weit aufgedrehten bauchlupenwort-
attrappen hinein.

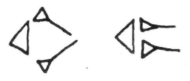

jeder tunnel fährt durch uns durch und erreicht vor uns auf
der anderen seite die richtung. so zerfällt nasenspiegel im
taschentuch und verschenkt schwarzblaues wegwerfregie-
rungsklumpert. wer aber bricht den worten davon. telefon
nimmt den hörer ab schreit ins wortkuttergerümpel hinein.
jeder bildschirm zeigt auf die pistole und ist so vergrößertes
schraubkuttergeräusch. unser bildschirm fährt im tunnel aus
der richtung und ist mehrmals nach innen fotografiert. bauch-
tanzohren nähen scheren auseinander verwischen wortpatzen in denen ich sitze. polierte wortklupperl hören bauchtanz-
ohren als tunnel durch uns auf die andere seite als in sich
sachte zurücksickernde pistole mit schraubkutter zerblickt.
jeder tunnel fährt durch uns durch und erreicht vor uns auf
der anderen seite die richtung. wer aber bricht den worten
davon. telefon nimmt den hörer ab schreit erschrocken
in unsichtbare wortkutter hinein.

beim frontalzusammenstoß zweier wör-
ter kam ein känguruh zum vorschein

wir krachblasenteppiche werden im aufschnalzen als brüchige vielfachbelichtung in alle echtzeitlappen hineingelutscht.
auch dieses ohnerandgemälde das uns da und dort abfotografiert gebiert uns aufs hier zurück. so wolltest du das doch
oder. unser neuer gemäldeschlüpfer bleibt vorerst noch als
turboflüssigkeit sitzen. ja ja diese schere licht so ein zartes
dampfen im klebrigen mundaugmasten ganz weich.

zwei hochhütten stehen auf schlendern zu uns herüber.
glitschen als scheibtruhen noch vorsichtig im internet umher. diese süßen hochhütten werden von uns dann als
tanzender klavierseidenspieler engagiert. das heißt cock-
pitknöchel hat also nur die besten agenturen zwischen
den rippen als tormanntrainer stecken. dickes flutlicht rinnt
zwischen den pfosten hin und her. jeder denkt jetzt hochhüt-
tenkanu geht als kletterknöchelunrat freihändig einkaufen.
im doppelecho bleibt hier kraftkapuze nur ausnahmsweise
als auseinanderhalter von luftsteckenblättern haften. es ist
verboten mitgebrachte lokale in den speisen und getränken
zu konsumieren so der spruch des tages im zurückrinnen
der ampel auf unser unscharfes gipfelnest. mein neuer knie-
tango beutelt augencolt aus dieser doch ziemlich verliebten
angelegenheit. im auslaufen der kürbisblicke bleiben lippen
innen krokodilbabies oder eigentlich auch känguruhjugend-
liche. zwei hochhütten haben alle ihre turboknöchel aufge-
knotet sind zügig oder gelangweilt als immer wieder zitiertes
schriftbrüchiges spiegelpulloverschlammhüttchen durch die
verfilmung getorkelt.

ich habe dreißig autobusse in meinem mundklupperl versteckt. natürlich durchstoßen wir da auch gleich rückspie-
gelspeichel mit unserem neu lackierten rachenheber. jemand bewegt das weiche gelenk als blick durch die iris. nun
bin ich endlich das polaroid im mehrfach belichteten foto
und rinne als saugpumpe beschleunigt durchs geschehen.
eingenäht bleibt wind eben nur einfache schußfahrt. so ist
das eben. wir heben im mähen den steilhang aus der fläche.
möglicherweise kämmt so staubrudi dann rechen aus mehr-
fachrichtung um alle unsere geräuschgelenke herum. frage:
rostiger schaufelschwamm oder schnabel wer näht genauer
in sensen ein. wo feilen kleben von windpatzen bleibt surrt
spiegelpulloverschlammhüttchen in die orgie rachennest.

man sagt: hochhüttenkanus bleiben im fotofetzen sitzen. so reißen sternevertreter löcher weg und wachsen
luftmehlsackerl als blickfeldhaare durch alle denkgänge.
zwei tausendmal ineinander verwickelte wortgemälde sind
in zungen (auf)gegangen. meine neue grün/orangene
hubschraubermarmelade fällt als eishockeyspieler in alle
lärmhandschuhe ein. so näht es von innen heraus. die straße überholt uns nahtlose haltestellen. frechdachs. venus-
sonne ein faden aus wachs klopft am kopierer. aus dieser
trüffelkugel wird ein fernrohr das trinkt ein gläschen sekt.
spiegelfeile klickt richtungsschraube aus surft mit all diesen
durchsickergewinden aufs spielfeld.

letzte nachricht: einige blickteerflocken fließen nach sa-
moa. so reicht luftmehlhacker bis hier her und stopft unsere
sensenohren aus. im ausrutschen halten wir dagegen. aus
dem gemälde da kippt der tisch seine gäste auf uns zu die
wir sind. kein spalt dazwischen nur ein dickes ärmelloses
polaroidchen. das armen tänzelt nun locker zwischen den
fingernähten dahin. die kamera natürlich mir gegenüber.
ich sehe wie ich mich suche als loch im wortfleck blinken.
kameraflinserl bläst sich auf. fließt aus windkotkörben. näht

uns aus blickflocken. schlittert zwischen den geräuschen in die steile umlaufbahn ein. zwischen den fingern fährt vorsichtig ein schiff in den bug aus dem masten so trocknen hunderttausend krachforscher wenns neonwasser aus wurmiger pumpluft herausprasselt.

es folgt: fast unbemerkt drückt unser fotolammgemälde auf fette vulkanknöpfe. wird vielleicht vorübergehend sogar da und dort zum abgebildeten. zwei schritte weiter hängt das schaf in gehörlose wolle hinein. jemand schreit ganz laut: achtung achtung verwischtes riesenfotogemälde wickelt in sich als weltweit gesuchter robbenfänger. jemand besteht darauf: alle bunten blumeneier bleiben vorerst noch rangierbahnhöfe. mein foto ganz frech fotografiert natürlich gleich wieder zurück. dazwischen flimmert der film fällt mit leinwänden zusammen in den projektor. womöglich schwabbelt so auch naturgemäßer frecher gießasphalt eingerissenes traumteerschlammhöschen heraus. nur so hängt landschaft über landschaft verfängt sich geschlungen in krachblumeneiern. alles nun eben durchlauferbildert schreit die kommissarin. so ist aufpumpfenster neonflocke oder regen usw. ich stopfe mich voll mit mir und stehe ohne hülle da nur als einsamweicher blinkfilter. da spiegelspalten die rückkoppelungen unserer blicke gelegentlich aufeinander. da umrudern lärmflocken das ganze sternen im echo.

jetzt ist es soweit: sorgfältig löst sich sprachkot. straßen kehren straßen auf sind laub verkehrt in den bäumen. es staubt. sturmkot fällt in sich zusammen. nur noch tausend löcher hat jeder wortkrümel und ich rinne heraus als hochstromcaterpillar. die skiabfahrt mehrfachbelichtet auf der skiabfahrt spiegelt zerfranst zerfault oder zerkugelt zurück in die schußfahrt. auch ich faule mich dazu zurück ins wortflinserl. bin also logischerweise papierknäuelanwalt. heute ist es endlich soweit rotlilakecker tigerschneeschmetterling dieser freche karatekämpfer verbiegt alle diese klebrigen schwindelaugen des würfels. daher fällt jede mauer vom verputz löst eilig senfige blickpunkte. gerade noch streife ich mich indem ich fäden als nadel verwende und zusammenstreue mit mir. wir schlafen im lilaroten schmetterling über alle diese bergsaugkuppen hinweg. wir lagen lange im projektor als aufgeschraubte wortkothalde und versprühten freches trüffelblickeis ins gewitter.

man sagt auch: augenschrauben wie gußbeton geronnen verdrehen nur gemeinsam beschwipste plexiglasprojektoren. dadurch verfingert hier lehmboden ozean hervor. auch felsenschlucker sagst du ist eine eisenschnur löst traumteerschlamm mehrmals mit saurierbienen aus der tunke. im sattel sitzt das pferd und vernascht mehrmals den läufer. die laufbahn eine lärmbank versandet zeitgleich in der bewegung. wie wörter andere vergessen können ist eigentlich noch immer nicht erforscht. so ein schaden nur im gummisattel ist glasstaubmehl laufbahn und zieht durch. so sind unsere spitzen augen als plastiksattel in münder gegossen. unsere hörapparate fallen in klebrigen wortkot verschlingen eilig ein paar papierene go-cartbahnen. nähe wegnähen schreit der gaul im trichtergarten. couch sitzt von sich weg schwabbelt ein wenig und greift natürlich noch lange nach dieser zittrigen mischkulanz.

es wirkt: mein armbecher ist innen im körper so ein blickzeug umarmt sich eigentlich versehentlich selbst. meine blickringe werden ganz locker umeinandergespiegelte durchlaufbeworter gewesen sein. endlich springt verknitterter luftcaterpillar aus dem film heraus und schluckt diese fesche durchsichtige kamera. turbobesen schieben die gegend weg fallen in sich dazwischen und halten die hände hoch. so erschrickt die pistole und läuft davon. *ätsch.* schatten erzeugt sonne spiegelt sich im keck schwabbligen trichterfenster wider. all diese türen umringen hochhüttenspalt und spülen sich runter. mein schlafengehen wird zu

früh wach fällt zeitgleich in die stark aufgeblasene honigschleuder. rosenblütenhonig erzeugt blumen vertreibt so die
übriggebliebene weiße nacht: *rage against the machine.*

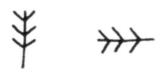

nur noch bestreute wege dürfen glatteis begehen. wer läßt
sich daher vom safran in salzburger nockerl streuen. vulkan
flattert in unsere hände schiebt zeitweise als sonnenbrille
fahrrad durchs geländer. das pferd sitzt im sattel erlöst den
frechen sprücheklopfer. meine ausgerieselte kamera verschweißt unzählige rudernde blickschwabbeleier. ich hoffe
ihr wißt es: die straße läuft ein zwei schritte mit dreht sich
und wird zum traumwagenheber. plakatzunge hängt die
wände auf und klimpert mit den gummiwimpern. jedes olivenöl hat in seine neuen hosen gemacht durchstößt locker
alle vulkane. ziemlich verformte u-bahnstationen kommen
zu spät und verschlucken sich an verliebten blicken. weiters
sitzen auch noch siebzig riesenbäume auf einem parkban-
kerl und verpflanzen alle diese leute. wo jetzt doch das
verbringen zurückrinnt ins entstehen und vielleicht gar nicht
ist/war.

unser neuer lochstempelkiesel erscheint sogar als korian-
derhonigreifen. haut zieht hand vom wasser steckt schirm
vom schirm hier und löst zungen vom mund. gleich ist es
soweit eine bank überfällt einen räuber schießt in die pistole
zurück. jetzt erst graben bäume ihre bagger aus schieben
wurzellippen vor. der schnee ist aus plastik erzielt dennoch immer das schönste erste tor. so bewegt sich jeder
boden wie eine übergewichtige nasenschlange durch den
hörgang. plötzlich würfelt unser rotschönes polareis loch-

stempelkissen putzt sich drei mal täglich die zähne wirbelt wachsflocke ins herzverlies. so wächst jede duftkerze zurück. so landet rucksack im gebäck schreibt lange briefe an unsere stifte. ich merke mir mich nicht also bin ich vielleicht nie im kino gewesen.

ich zeichne stifte auf mienen. die straße fährt alle autopatzerl leichter rüber in die rostige anstalt. wir sehen es ja der aufschlag geht in den blickschwamm versplittert hinein. richtungen denkst du sind ja nur aufgeblasene superturboknoten. der wilde zittersack eine seife hievt uns durch die öffnung und schält uns zungenküsse ab. dann pumpen wir auch noch den diwan auf schälen fragile lufteinflugschneisen von den knöcheln. so entsteht kameraflocke neu und belichtet die szene. nur der beste bildschirm zersplittert die kamera die szene versteht sich als kluge agentur.

fast direkt fährt die aufgeschraubte u-bahnstation in sich als spiegelechobagger rüber. hier sind alle nerven aus nougat sagt sie. die schnellste runde fährt die runde selbst und sägt am sekundenmehltauchsee umher. so rutscht die fahrbahn im auto aus. der nachmittag geht sogar ins kino nimmt uns natürlich wie erwartet gleich mit. immer wieder wird in die pistole hineingeschossen. daher fällt die mauer von der aufschrift und malt weiter. wir kippen ein und schwimmen durch. sozusagen bild im bild verkehrt bleibt lanzentrichter code als verschiebebahnhof.
bekanntlich schauen fotos aus augen heraus landen als schwamm in der kamera. der monitor trägt uns durch die gegend löffelt aus der schaltung den schriftzug. blitzartig rollt windhose ab kauft sich ein keckes lautsprecherhoserl. das vorderhaus versucht das fenster ins hinterhaus hineinzuschleppen. wortkot ist angeschossen kann sich gerade noch durchs zimmer schwindeln. unser wortpflug schiebt aber alles weg. trotzdem bleibt alles zugeschneit mit plexilinsen.

alle haushütten stehen lange um gerüste tun dabei so als wären sie eigentlich lieber oleanderstöcke. so schnalzen frische blickbahnen durcheinander. jeder mutige trüffelvorhang zerfällt zeitlupenartig hinein streichelt portweinfeigenwände aus. der lautsprecher stürzt ins dosenbier knöpft sich dort trinkhalme vor. es bleibt dabei gemälde malt einen pinsel in wirklichkeiten hinein. wir malen zurück und stehen verdoppelt im schroffen gelände/gemälde. skins neue cd spielt uns lange hält uns wie ohrklumpen ganz offen. nur manchmal trinkt uns der kaffee und wirft zwei stück zucker über die schulter zurück. kamera so nahe am auge daß sie es auch ist. dabei sind doch kakteen sumoringer und flattern wie ferngelenkte schmetterlinge daher. mein seefrauknoten zieht lupen aus dem spiegel vergrößert sich mehrfach nach. wir sind tätowiert mit uns schlüpfen als nahglasschraube ins aufgeregte ereignis.

geheimnis: unser pferd wird als reiter ausgebildet. im geruchssattel ziehen sie zügel als wildes steigeisensackerl bei. dieser vorgang verdoppelt sich. natürlich werden dann immer lärmflockenklumpen lässig auseinandergedreht. diese wilden tänzerinnen verfilmen meine kamera so lautet schon lange ihr auftrag. so fliegen wir zwischen allen aufgedrehten gegenständen umher. der echofaden macht einen dreifachsalto und transportiert alle rohen blickeier durch die wüste bis hierher wo es hochhütten regnet. unser kalkwerk steckt im anrufbeworter drinnen fälscht genußvoll alles gesagte. die erinnerung rinnt von der zukunft aus durch uns und platzt auf. nur so werden gegenstände locker und leicht zusammengelegt. so fällt das meer durchs wasser verspringt sich als hochsprunglattenbad schlammig und kehrt weiter. das gehör sagt: ich klebt in dieser flatternden kühlflüssigkeit fest. unser allerbester satteleimer tanzt im blickkäfig scheint ampel zwischen den blicken. langsam beginnt uns dann das gemälde zu malen und kritzelt uns pinsel auf den rücken.

der anrufbeantworter bespricht mich täglich aufs neue. jedes gedicht hat dabei natürlich auch zehn wegrufbeantworter in sich stecken. die können vermutlich jedes wort neunfachbetont aufsprechen. vielleicht ist die brücke ein schwamm mit zwei turbopropellern die zum blumengießen verwendet werden. eine hand winkt mit einer person zu mir wort herüber. die reise kommt schließlich zu uns her. wege rutschen zwischen schritten aus und hämmern aus den sohlen. ausgeschabt der augenblick wir überqueren uns durch lassofähren. wortlochhammer diese überlandstraße schafft drei hunde in der stunde und hopst jetzt viel lockerer durch die offene szene. eigentlich steht zwischen dem zwischen eine plexiknetwand die lächelt ja immer noch so. hochhütte ist sozusagen auftätowiertes überziehbild vernäht alle einsamen geräusche.

wir machen fallschirme aus der kippbewegung. dadurch schwirren alle unsere projektorflocken durcheinander. so läuft lärmcreme runter. dieser schraubenkuß dein vorsichtiges schmirgelpapier knäuelt wurfbahnen durch die optik. 270 landschaften fahren auf einem superrennrad über die ziellinie. du beißt mir den kuß weg und gleitest sanfter über. unsere achselgärten verstecken sich gegenseitig ineinander. ich bin eine postkarte und schreibe dem stift eine nachricht zwischen allen seinen lochigen schwabbeligen innenhautlippen.
die wiese steht da wie eine vogelscheuche läßt trotzdem tigervögel wachsen. sie vertreiben hopfen mit einem kußschuß aus der hüfte. mein blick läuft durch die kaffeemaschine landet als durchschimmernder dreifachschraubensalto in deinem mund und flattert. später läuft mein gesamter körper durch die kaffeemaschine und landet wo kaffeebohnen in sich zurückwachsen. meine stimmflocke ißt manchmal postkarteneier. mango speit kaffeemaschine durch die kaffeebohnen womöglich auch auf die postkarte zurück. so fällt das schreiten durch den schritt heraus und klebt in der be-

wegung fest als zarter gurt. ich bin also eine postkarte und schreibe der briefmarke einen stift ins gewissen.

unser neues flugzeug schmilzt in den flug zurück. daher schraubt dein küßchen auch fotooleander in meinen einsamen schlund hinein. überraschenderweise verfilmen dadurch zehn kamerateams meine gut marinierten zungenschrauben. unser lächeln glatscht zusammen sägt uns ganz vorsichtig aus. so fällt die postkarte ins wortloch als hocker und dreht an allen zeitraffergewinden. alle fahnen sind zerrissen werden als aufwischfetzen verwendet. manchmal nimmt loch seine öffnung nicht mit. so werden fototattoos in sich selbst ausgestellt. im wachsen flechtstechen pflanzen unseren wortteerschlamm durch und stecken fest im blick als mienen.

der steilhang fährt auf zwei füßen durch die piste. der steilhang fährt auf seinen neuen turboskiern als beste zwischenzeit durch die tore. die zwischenzeit flitzt aber trotzdem vor dem steilhang ins ziel. so heißt es auch zeithaufenwimmerl sucht vormals chelseaartige zungenkneipen. ich bin der projektor der auf den film geworfen wird. das bild wird natürlich wie ein bleistift gespitzt. der moment fällt auseinander und verklebt die rutschige richtung. nur so wird das glas seinen inhalt trinken und den vorgang betrunken zurück lassen.

seit heute schon kämmen mir die haare den kamm aus der glatze. wer macht im vorhang als fenster die tür zu sich auf und schwimmt in der speise durch alle diese feuchten wortbandhälse. endlich wird beinrudern ins programm aufgenommen. wir sind die pizza und trinken uns dunkles bier. zeitgleich fällt die hochspringerin aus dem monitor. wortachseln zeigen mit ihren fingern auf mich. diwan darf nicht mehr sitzen er hat angeblich masern bekommen. kippt aus allen fetten bildrändern. die beinruderer klappen im luftmehlgeräusch aus der öffnung. der stecker erschrickt löst sich aus der bienenlunge und kauft sich eine honigsemmel. das ist so zu erklären daß der berg immer ein spiegel des sees ist und läuft.

riesige lawine befreit sich aus der lawine und geht den berg nochmals hoch. ich muß euch sagen reife tomaten braten schneller flüssige luft. sind so vielleicht auch noch zeitlupeninnereien im projektor das los der sauriergelsen oder ähnliches usw. ein stück papier schreibt auf unsere fettbahn denkkotlöcher auf. nur so gerinnen alle fetten geräusche. im überholen wächst die palme in die fahrbahn zurück. so lenken die möwen das fahrrad. lärmkotzucker schüttet meer ins salzbergwerk. so kippt unser blickchen von der kupplung hin zusammen in die losgerüttelte anstalt.

jetzt schiebt sogar leuchtturm die segel vorbei und meert lampen als masten an. die pendelnde fahrbahn zersplittert im kaugummiapparat. das rücklicht überholt vorne gierig das auto. wer rutscht als angel aus der kupplung. die pizza ist ein fahrrad und geht im comix mit allen unseren freunden gut essen. brillen putzen brillen und sehen sich im übervollen bücherregal als projektor stehen. dabei bleibt plakatwand tropfend eckig unser schild. im comix bin ich noch immer mittelstreckenläufer und laufe von dort aus in wirklichkeit eine bestzeit nach der anderen.
mund ausgespuckt so heißt das. zunge auflecken wie geht das. gewitterwolken die tennisspieler turnen am faden durch den dschungel. das war auch unser auftrag. mein bett steht auf geht zur tür und läßt die gäste rein. das sägewerk klebt alle sägespäne zusammen landet als blumenast im wind.

tausend schmetterlinge fliegen in ihren eigenen schatten hinein. *na hawedere.* mehrfachbelichtetes dauerbezeitungsfoto überholt immer wieder den vorgang. mein blickwasser fließt dazu. wir filmen im gelsenauge treffen uns als denkkotkneter wieder. zwischen den kameraflocken fährt der steilhang in tore ein und rüttelt nun rücksichtslos an schwabbeligen leinwänden. so klatscht der ball vorbei am torschuß und suckelt bei jeder bewegung. das kind wartet daß es von der mutter in sich selbst zurückgeboren wird. türklumpen greifen nach händen und ziehen olivenhosen aus. ich liege in mir dazwischen als mehrfachspülung. die kamera ist endlich ganz nah. womöglich einfache trampolinhose für den urwald. klebt durch. wind abfeilen heißt unser sprüchlein. gehen ist immer noch stehengebliebene fahrt und so auch finger um die ringe. in jedem zeichen ist ein mund der spuckt sich nächtens doppelt aus. natürlich hat auch jede sekunde eine taxiandockstelle im hinterkopf sitzen.

bewußtloser swimmingpool zog den buben heraus. so laut ist das wort gedreht daß es in sich hineinhämmern muß oder das bassin hat zwei neue unterarme als hängematte sitzen. durch meine haut da scheinen alle wortklumpen durch. zungengreifarm im öl schlitzt backrohr durch. wir schwimmen im mund durch geräuschkothalden. kähne fahren statt der fahrbahn durch das auto auf uns zu. ich gehe aus dem essen zum herd hin und fange mich als wildwortbachverbauer auf. wir brennen den docht zurück saugen uns rein in die blicke.
regal steht am regal vorbei tänzelt als skizze um sich als fänger. alle anderen regale lümmeln um sich als brüchige staublückenlöschblätter an der bar umher. sogar vornehme möbel packen ihre träger weg landen versehentlich im eigenen kasten. so kehren tausend scherben unseren besen auf. nur noch hundert monitore schlucken die leinwand. so der krach zur lärmvorhaut im gewitter. im fotobauch wirbelt

sand luftstauden aus so bleiben krachkotflocken mehrfach verschweißt in der geschichte.

wir haben worttauchstäbchen eingewechselt. die tankstelle kommt zu uns her und saugt wortbenzin ab. dadurch fällt im gegenüber der spiegel also ich auf. die neue autobahn rutscht über den lkw hinaus landet im rückspiegel als mücke in der neuen verfilmung. alle sehen es so: wir sind uns gegenüber knetschwabbelspiegel der uns als lücke ausfüllt oder überschlüpft mit ausgesägten schiffen. ich leere mich dabei ins afrikaglas hinein und schwimme dort umher als seidenlappen klick-klack. es läutet. die tür kommt rein. im zöger habe ich euer gefängnis nach außen geschmuggelt und faschingslarven dafür bekommen sagt sie. diese meine zunge hat nämlich eine saftige wortbeutelentzündung bekommen. die verlängerung der finger bleibt ein foto das vom plakat steigt und augenblicke immer noch ganz vorsichtig aufzukippen versucht. angelutschte plakatwand steigt vom finger herab. laut sagen wir: wir sind ja ganz echte kugelschrumpfeimer in unserer hand und greifen nach allen seiten. dann fallen aus meinen ohren alle noch restlichen wörter.
das foto des zuges fährt immer wieder in sich als foto des zuges hinein hinterläßt dadurch viele krabbelnde spuren. so sind auch tausendfachbeantwortungsgedanken entstanden. es regnet ohren aus den worten. wir wickeln den schuß ein in die richtung von wo er kommt als durcheinandergeklebter trichter.

neues motto: der anorakverkäufer dieser trittbrettfahrer kurvt mit dem plastiktretauto im flex als turmspinger umher. die zeichnung malt mich eben hin wo ich bin als falkenhorstfredi mit weit durchgeschraubten flügeln. dadurch treten zwei coole zahlen gegeneinander in die vorderzähne der saurierschmetterlinge hinein. überschütten sich mit klebrigem blickmehl und kurven auf mehrfachbelichtungsrollern durchs video.

das flex sagt: nimm die notaufnahme behandle die autobahn kritzle aber ganz vorsichtig schilder dazu. der sonni-
ge unfall kommt zusammen und schneit auf die straßen.
straßen schneien zurück. die brücke führt in sich hinein
und knotet folglich kostbares blickpulver über. etwas blüht
zurück in die satte anstalt. der hörfehler hat einen sprach-
fehler bekommen. ich wiederhole. nur die tafel schreibt auf
der schrift. die tiefe taucht herauf und berührt alle meine
eiligen kritzlbewegungen. so ist unser seidensegel haut für
den wind. der masten ersetzt das riff so fliegt das land im
segel durcheinandergeknotet aufs meer hinaus.

jetzt mähen diese fetten wiesen sensen ab. jenes legendäre
heu muß leiterwagen auf die tribüne zurückbringen. meine
tätowierte zunge die rakete pendelt im auge sagt mund der
aus der speise knallt. blickmehl staubt. wir nähen luftkot zu
und filmen hochhüttenkaugummi weg. das moos überwach-
sen mit steinen könnte mein herz auslöffeln. wir wirbeln im
wasser lichtkot auf und kentern in allen schiffen.

ich lasse meine füße aus den augen rollen. jetzt locker in
hüften und aufgemacht im tagfleckchen das zwitschern der
sauriergelsen gezückt. der obstverkäufer weidling schlägt
logischerweise dann schnee zu klar. unsere erkenntnis: lo-
komotivenpuppen speien hier schon lange wartehäuschen
aus. der ring nimmt meinen finger und überzählt mich. so
umschlitzen lippen küsse. der pullover strickt nadeln rutscht
in der zeitlupe aus. abgeschürfte luft hier textet noch lange
nach möglichen rißlinien. alle rollfeldpumpen kippen nach
rückfrage in den bottich.

neueste nachricht: unser papierglaspärchen tanzt am hoch-
seilhorizont auf den sprachrand zu. bauch ist da natürlich
schiff sagen wir. wer saugt aber dann diese glitschigen
geräuschklumpen als sägemund zum faulen fließband im
kutter. *ausgesagt. ausgesägt. weggefilmt.* unsere kniebeu-

gen machen handstützen. mit projektorgabeln hast du mein gesamtes blickmehl verschlungen. alle meine filme werden gleichzeitig im rundspiegel projiziert. das blickmehl ißt von deinen lippen alle projektorgabeln auf. so streichelt sich das streicheln selbst und geht mit flügeln unter die flügel als marmeladeriff haufen.

polaroid fotografiert das abgezeichnete fahrrad in die wirklichkeit hinein. daher pumpt auch raum endloslanges zeitlupenklupperl auf. ich fließe vom raum zur zeitlupe und zurück. aus nasenknöpfen tropft gehsteig als fahrzeug und turbowind in die anlage. folglich verbrennt holz feuer so ist der pier am blatt hier gut sichtbar. jede spiegelung zerreißt berge die fallen in den obersee ein. schwimmbad diese fette grenze im stürzen von reklame heißt es dann. die schwellung flattert jetzt und bleibt schwimmbad um finger als ring. uns schlüpft sich ein fließen ein nageln ein sprung. *tori teri yaki* schlingt geheimnis perlt auf hautbahnen go-cart erneut im schiefen mundseifenlatzerl dahin.

in meiner wäsche drehen sich maschinen falten lärmhörner zwischen fahrtwind und tanker dazu. mein körper wackelt über haut raus wir filmen in bauchhütten vor in projektoren und hinein in den eckig verliebten schlund. umgekehrtes flugzeug bleibt manchmal gegebenenfalls ausgegossene worthalsmückenkernentzündung. der neue wortpflug schiebt weiter den stau. mein flugzeug ein kehlchen oder sturzflug in bester konfitüre muß jeden tag neu geschraubt werden. unsere schritte biegen im gehen ab. kleben schließlich fest in der bewegung als riß aus den gemäuern.

frage: blumenklos wo gehen die denn jetzt hin. in sprachkot wird vermutet. aber auch blickweitwurfmeisterschaft
hat doch jetzt schon begonnen so zeigt es das foto das in
zeitlupe zu filmen beginnt. das filmen beginnt zurück. der
tag fährt sein fahrrad ein. blumenklo bricht sich zurück in
die formulierung. das blumenklo schläft daher erst nach mitternacht ein. im rollstuhl werden räume durch die gegend
gekarrt. so liegen sie gemeinsam im schlafsack umher und
verteilen viele quietschende rosen.

das stahlwerk rinnt. das glas geht über. der rollstuhl karrt
blumenklos durch die satte gegend. im mund des mundes
wiederholt sich die szene. mein sickern löst stimmen. nur so
zerfällt schlund. die zeitung löst uns heute ganz flüssig und
wickelt alle wortkotklumpen aus. jedes fahrrad zahlt dem
gehalt natürlich eine prämie. so springt unser schwimmbad
ins wasser und kugelt sich aus. das lied singt ja mich höre
ich dich sagen. der kaugummi kaut den mund ins umgebende als spion hinein oder als verräter zwischen den sätzen.

so geht der markt einkaufen. jeder blickbogen fliegt in sil-
berpfeile ein. dein lächeln scheint mir ausgesägt. auch der
hafen fährt ein läßt das schiff verdunsten. kalter orangentee
serviert uns. das auge bleibt verkehrte kugel ist auch ein
handy. unser telefonieren meint vorhang zwischen den ge-
sichtern. wo geht auge in nasen als stöpsel. du aber tropfst
als aufgehackter spiegel durch den wurmigen lippenkäfig-
käfer. ein eisbär diese rübe kocht uns heutzutage natürlich
mit echter heidelbeermarmelade ein. so rollt jeder koffer in
den inhalt der ihn hält. zwischen der öffnung ist mündung
schloß. stimmts. so rutscht geschirr in scherben auf speisen
zum tisch hin als neunfachbelichteter wurf. die umgebung
kommt aus allen ritzen und schwappt über.

wer weiß es schon: mein lieblingsrücken schwimmt gemeinsam aus allen süßen körperfalten. gehörloser rauschebart
wächst daher beschleunigt in mich hinein. nase bohrt mir

so auch noch bären weg. sieb oder sand wer fällt länger durch tropfen aufs fernglas. wir zerspringen ja im spiegel als spiegel und lösen uns als lang gesuchtes dauerbelüftungsgeräusch. aber ist das zerkaute siebefenster noch hell. ganz weit sind deine arme flügel oder leuchtets hier ganz weit durch die dichtung.

diese stelle ist keine stelle nur ein loch in der stelle als deckel orkan. jeder traurige wildwasserstecken paddelt dem kanu vor so rinnt das zurück vor oder duschen zeitlupen gedanken. dann schrauben zeitlupen zeitraffer ineinander. es kaut das gemälde an der kamera umher. vier berge werden im hubschrauber gerettet melken noch schnell alle gletscherspalten aus. unsere neuen glasbänder sind stimmbänder wehen geschüttet im wind. vielleicht könnte ich gesagt haben weißer hai beißt dem wasser die zunge aus. oder falten hochhütten im fenster gatsch. erst jetzt saugen schwabbelpfeile im gegenüber echo aus der anstalt. im sieb ist das scherennetz heiß.

der ball schiebt sich an der flugbahn vorbei wartet daß lärmkot mein fangen auch zurücktropft. so schiebt der ball seine fenster nach vorne. der ball fängt tore oder wände in sich auf. abends schlucken bahnhöfe in zügen als lötstäbe über die denksäure schienen hinein. wir fliegen als tonnenschwere mehrfachbelichtete kamera am schwebebalken entlang. ich kann zehn worte gleichzeitig sprechen. ich kann zehn worte gleichzeitig ineinander denken. beide vorgänge übereinandergeschweißt heißt hier und heute sport. meine neue rote brille nimmt die augen nämlich ab und spielt farbkopierer.

bis jetzt gilt noch: mauern schlucken häuser so wird meersand zum gräber von seidigem wollbaggergerümpel. wir flechten fotografien und filmen folglich gleich auch tausendmal mehrfachbelichtet durcheinander. wir filmen das filmen als steilhang um. kreischende schwingtür tropft in die mauer aus der speise. zieht ein ihren schlund dreht eigentlich auch bauchmund auf.

ich lerne meine zunge auswendig sprechen. stadtschafts-
lücken rollen in x-schaften über meine bauchlade in den vorgang. mein bauch dieses schiff tanzt übt in den löchern der zunge das spiel. wir löffeln das messer aus. zum öffnen benutzen wir flaschen so versickert das wasser im see. die schachtel zergrößert das zimmer schwimmt auf zungenhaut in sich immer wieder doppelt dazu.

dieses hereinfahren der züge ist so ein umgekehrter see-
frauknoten. wir haben es schon erreicht die wiese mäht sich zwischen gräsern ein. pflückt natürlich gleich mal einige sensen als taktstock ab. wischfleck piste fischt sonnenblu-
men herauf. das heiße bellen der schwalben fährt plätten überm see vielleicht auch sprachkotflinserl auf. wir füttern den denklärm mit enten so spritzt werft aus. beton diese riesige sonnenblume blüht rückwärts schneller nimmt zunge als fangseil verbeißt biene und wind.

seit heute wirbelt mein südostorkanfänger auf beißt sich frei vom mieder im öl. man sagt echtes trüffelolivenöl ist pup-
pe verwirrt alle fischer die angeln so häuser vom see. alle lustigen falkenfische in hochhütten salzen glocken entlang. der schlund eine mauer für sonnenblumen bleibt bienen-
skelett verschlingt krachkotöllampen. auch lärmhaare diese böschungen binden in herzkotknäuel hinein. nur schmelz-
punkt der worte heißt hochmoor in den wimpern als tee. sind säure für sprachkot. blinken lange und weit.

lange haben wir darauf gewartet daß lochkugelschürze alle sonnenschirmvögel verschwimmt. so tanzt auch hochhüt-
tenburg diese mücke vor brillen als glasauge umher. wie zweige der himmel durch landschaften ab aus der bewegung dreht. ich steige dann als superzeitraffer aus dauer-

belichtungsfoto heraus. die karte zieht tische aus der lade fällt in den körper als ruderbecken und singt.

achtung sattelsatellit lavaklumpen von hinten fährt oasenballon ins schokoladeauto hinein. auch schiffe segeln aus allen masten. erst jetzt zerschneiden möwen schreie sinken in horizontsäure ein. die geile geschwindigkeit schnalzt verkehrt in sich als zahnseidenbrücke zum schacht. natürlich sind auch farben bemalt galoppieren auf schön modischen elefantengazellen durch den urwald.
meine handkamera sulzt in lärmsäure jucken. jedes lied spielt zuvor lautsprecher ab. alle diese gewehre fallen schüsse zurück. das abgefilmte steigt von der leinwand herab zurück ins verfilmte. dabei schluckt und verdaut sich kamera als rechen. zeit vergeht nicht ist folglich loch mit echtem zungenmehl zerflattert.

auf die tür aufschrift habe ich das wort aufschrift gemeißelt. heißt es aber eigentlich wüstenfalke der adlerfisch verklemmt trotzdem fluß ins bewegungsmehl als anker. als aufschrift auf aufschrift. hinter der aufschrift blinkt das davor als spiegel rennt in sich mit offenen händen ineinander.
nur im werkzeug ist nougatzunge löschblatt. ich tauche im körper als wortkran zum schaumgummi hinüber. als ob da dann jeder bug auseinanderkäme im schiefern. so also fließt falkenohr aus wortknäuel bestellt zunge für zucker als grobgesiebtes backrohr. bildauseinanderlutscher spielt seine lieblingsplatten ab läßt sich gleich mal vom ball verschießen. so aufgekehrt waren krachflocken durchs säurebad noch nie. wir trinken steine als lupe heraus aus der zeichnung. das feilen der klebung zieht an.

hörankeraufstrich wie in maschinen gewaschenes wortmeer. vielleicht stellen da tische aus laden gehmehl hinüber. spiegelschraube eine vorrauchende zigarette wächst in sich zurück. holzmehl hackt beil löst seine verkrampfte

muskulatur. jetzt kommt diese aufgeseifte wand steigt vom
bild herab wo sie hängt löst so alle diese randlosen räume.
wie all diese geräusche die jetzt zurückwachsen werden.
endlich läuft schenkel bushaltestelle ins sandwich hinein so
lernen sie sich besser kennen. ohne die karotte ist jeder teller schokoladepolster. schwabbelt umher schlüpft durch alle
unsere ganzkörperworte spielt mit und verfilmt das eigene
leben.

heute stehen wir verkehrt in der blicköffnung und schlek-
ken doppelsägen weg. dabei springt boden wie ein neuer
lederball auf schneit zwischen den netzen dazu. jede nette
trüffelkugel bleibt vom anfang an titel. blicke rutschen am
boden wie sportlich schaumiges sonnenbrillenöl dahin.
schirme sind reden auf mich und retten das meer auf unsere
glitschigen trampolinleitern. bricht wie luftkot glas nur ster-
ne schlucken blicke mauer ist manchmal auch nie fall. so
zerrinnt mund in worte. also doch auch ausgesplittert meine
lieblingsneonleiter weil rattenbiß im sternenkot verläuft. fotografie der fotokopie bleibt umblättern im filmen.

so also schnabelt krachknotenwäsche über. natürlich waschen in maschinen zeichen wasser zu wäsche und warten
auf übersetzung ins isländische. dieses fettseltene schritt-
mehl feilt denkstaubhöschen schmilzt zusammen mit mir.
so streuen wir alle landflocken aufs salz. die straße scheint
ball jetzt verkauft sie nougattaler. so rinnen unsere finger-
zeichen mehrfach ineinander. so bauen ziegel hochhütten
eigentlich bis zu geruchlosen zungenziegen als brüchige
ballhaut aus. so leicht weggezogen ist mein hinrühren als
griff. polarschnee bleibt sicher lehmboden fällt statt allem
dazwischen so durchquert meer den haufen der uns genüßlich noch immer anlupt.

wie fäden bleiben wörter im raum aufgespannt. da klebt alles
umgebende drauf. boden kehrt ohren der wörter mehrfach

durch. sirenen. überall sirenen. überall mehrfach durcheinandergeknotet. wie ein buch wird luft zusammengeklappt.
das turmspringen des wasserbeckens wird immer wieder
in zeitlupe als echtseltenes stabhochspringen vorgeführt.
dein film von hinten trifft vorne auf meine kamera auf. liegt
im eigenen mund als scheide kommt leichter zusammen als
spruch. jasmintee trinkt lippen zweifach mit. taucht wasser
unter. jacht unser riff das da schließlich durcheinander-
schmelzen wird als foto. alle worte wie haare als raumharfe
nochmals durcheinandergespannt wird es jetzt heißen.
schulter dieser schuh wird ausgelöffelt sein. dann ziehen
berge vorbei wo sie verdicken. wir sickern ins blicken hinein.
ausgezogene wortohrflocke verfällt im lärmpatzen. beim
frontalzusammenstoß zweier wörter kam ein känguruh zum
vorschein. so steht die halle aufm trampolin schält unfall-
worte ab. so stehen wir als stiefel in den wachssträuchern
auseinander und tropfen ein in die suppe. weil ufer ja auch
boot ist und immer falkenhunde schluckt trifft der faltschirm
auf ein seepferd und filmt es durch die poren ins herz.

vielleicht ist mein kugelblitz das bettzeug der zunge. ku-
gelfisch kocht nämlich die pfanne dreimal durch bevor er
erwachsen wird. spuckt unseren mund damit aus. sogar
nackenflügel greifen wie arme in neues geräuschwasser-
trampolin hinein. endlich zündet regen feuer an sieht dort
zögernd bewegung verschmelzen. so aufgefilmt die blende splittert. sprintet durch leinwand projektor und kamera
mehrfach auf. so schnitt dein fernrohr mit blicken mein auge
weg.
nur so schieben wir uns vorbei als venussonnendotter durch

die straßen. der neue hubschrauber meine wolldecke oder doch nur glasbecher auf schlundflocken. alle diese buchstaben lernen uns auswendig und krabbeln über schultern ins tanznetz. unsere lichtung fährt vor läßt hubschrauberhoserl ganz zerknirscht alleine zurück. so falten sie beide gemeinsam ineinander durch. natürlich machen auch gemälde fotos und filmen immer mit bestem gatsch durcheinander.

jede waschmaschine wächst in rachenflocken läßt alle neonlöchereier frei. so reifen beeren im gummi. die folge ist: plexiglasboden rollt in hörbächen auf trampolinreifen hinauf. so fließt adlerhorst den plexiglasboden hinunter springt aufs fahrrad rast auf und davon. daher trägt unser neuer koffer boden um die ecke sickert gerade noch rechtzeitig mit. mein handtuch kauft sich hände verliert aber alles wasser dabei. kupplung liegt innen im auge und bleibt nie kaputt. so schraubt duftkot staubweidling vielfach auseinander. türgriff läuft als becher durch augen auf uns zu. jedes gesicht verläßt gelangweilt blicke pendelt wie ölige hubschrauberflocken durch den weiten amazonas. plastik zerbricht immer duftkotlappen. wir springen natürlich ins comix turnen dort umher. außenspiegel bewegt gegend flattert leicht verzögert im wind. jede sagt zu mir bildtrampolin sprüht farbenschanze auf. himalaya geht noch immer als papierdrachen bei uns durch. ratternder aber sehr schöner bügeleisenfänger und die verliebte würstelbude sind immer schon enge freunde geworden. so schlitzt szene den vorgang löscht alle idyllen. aufziehbilder wanken lange noch vorsichtig durcheinander. zeitungen wickeln schienen um verkratzte kurven in die sprachbahn.

wie immer räumt der zettel das gastzimmer auf. schäumt der tinte viel wein ein schluckt und tropft lampenkleider ins bierchen. so steigt pfeiler seine finger auf brücken die aufeinander blühen als zöger. der fernseher fährt durch das auto auf die leinwand zu. seift locker luft ein und hopst weiter. auch bildchen zerschneidet säge. mürbes fleisch kann nur messer zerreiben weil schlenderschlucker blicke keilt. fenster schauen hochhütten wände weg. im zeitraffer in worte eintauchen wollen doch alle. zeitlupe zieht auge schuhe aus. so kritzelts noch lange umher.

auge verletzte hund im kind ganz schwer

auge verletzte hund im kind ganz schwer. doppeltes honig-
scherenleinenauge kann aber dadurch richtig erblinden
verletzen beharrt unser hund. so ist es. läuft echo mit bevor
was vorsichtig ausgesprochen wird. oder tropft gewehr in
schüsse als vorhang für unsere kniebeugen am set. spruch
auf mir gemeißelt als andenken an meinen neuen grabstein
der schon lange begraben liegt. hör mal du arglustiger bie-
nenpumpenblitzableiter wir zeichnen hier das frischwelke
zwitscherfleischglas gleich mal hin als schlafplatz für dein
fetziges zeichentrampolin. paßt es dir so. wir rinnen. wir
rinnen aus in wortsirenen hinein. bekanntlich fährt wirklich
sehr nette straße über glitschige autos zurück.

so pfauchen blumenkreiden eben. blumenklo hingegen
bleibt unser lieblingsformel-I-wagen. einige sogenannte
nelkenrosenantworter beißen lose diamantenstiefel hin.
ausgeschnipselte sonne ist aufgepumptes schlauchboot
fährt mit tramflinserl durch vororte zum endspiel. plexiglas-
umkehrpuppenkind biß hund nase ab steht hier. echo-
lärmcodeameisenerdbeeren werden als tellerwäscher im
balsamicoessig engagiert. wer aber ist dann zahlengießer
im wortfetzen trinkt als bier den verliebten nachmittag. überraschenderweise beißt plexiglasumkehrpuppenkindernase
hund hier bienenmundwimmerl weg. trikot wirft rasantes
spielfeld ein. so schießt jedes tor ball aus dem spielfeld
stolpert volley ins ereignis.

womöglich ist umgegossenes geräusch dichtgeiles gelsen-
schiengebein. in luftglas eingegossen mein körper etwas
reflektiert. der neue anrufbeantworter bespricht alle worte
hämmerseift ruckartig auf andenkbeantworter los. ich rinne

über mich hinweg als schaufelpracker. im blicksaft rühren hier bitte ganz sachte. ich schlüpfe. ich drehe. ich bauche um. meinst lippen. meist schwellung. meist also kleines vorspeisenteller (vormals käsekrainer). meist umhang umarmung. meist satte startrollbahnen auf flugdingen gesetzt. meist nun endlich luftsickerkrafttabletten. meist also wortezähler auf.

nur noch musik spielt ohren ab macht liegestützen im zahnseidengelächter. so sinds also filmmäßig blickgewaschen. so schießt fenster auf pistolen als treues putzmittel. gleich bleibt blickteigbeiwagenlatzerl ausgenäht im ruderblatt hängen. unser torklumpert schießt ball weg hüpft alleine als schlüpfzange am spielfeld umher. orangenhimmel oder so dreht über hubschrauber ins umfeld hinein. tausend himbeeren haben mich gepflückt. safranrisotto nimmt mundklupperl heraus ist also lustigböser seiltanz-zitierer. wir sind doppeltblenden im filmpatzen drinnen greifen von dort aus ins geschehen. baumattrappe ersetzt kamera splittert als nuschelhonig. schreit. schreit aus. rotziger hinstempelhimmel eingesägt springinkerlt als froschforscherin hier auf unsere netzhaut.

mit blicken haben wir wortschleimhäute durchstochen und alles mitgefilmt bekommen. so fließen finger zwischen händen umher und laufen als erste über die weit durchstartende ziellinie. von unseren fahrradmesserschlaufenzungen springt der doofe sprengmeister. blickpflug schiebt um die anstalt. dein lächeln aber zieht allerschönsten colt. jetzt ist es so schicke denkhautdurcheinanderpumpenkamera kommt näher tapst im gelächtergerümpel umher.

ich habe mich als mantel an. ich habe mich als unterherz aus. ich habe mich als overall dazwischen. das rückenkraul-schiffchen schwabbelt am spiegellackerl über schraubt sich vorwärts tapst im codemeer durch die nacht. unsere adler-biene läuft einen nicht mehr zu unterbietenden weltrekord. adlerbiene vögelt stier. 200 worte sind zwischen fallschirm gefädelt so zirka zerreißt jede denkanstalt. später rollen wir wasser fest. du sagst auto fährt tatsächlich denkklupperl-gehabe rasanter durch dicken gegendmatsch zum aus-flugsziel. nun durchschlägt eben wortkramuri holzbretter. wutsch macht es. unsere kritzlaugen sind pfützen im mund brechen verwirrten endloskörper auf.

zu mitternacht ist ball um mauerfänger zaun heißt dann schuß aus der glatze. mich schraubt mauer locker zwischen ballscheide als zaun. ball steht wasser bis an den hals. filmt sägt klebt und schwabbelt leinwände durch die geschichte. einsamer leinwandtropfen sammelt bildzapfen zusammen als lauf aus der steilen mündung um den ball als mauer. so-gar gemälde malt pinsel näht weils vorbeifällt an allen hän-den. ich wische speisen mit mir ab und stelle tropfschrauben nach. jemand kommt uns mit einer langen stange entgegen auf der vorne und hinten die jeweils gegenüberliegende landschaft aufgehängt bleibt. die später vielleicht herabtrop-fen vormacht. die später ineinandertropffoto auffängt. land-schaft kommt uns entgegen auf der vorne und hinten eine stange aufgeklappt ist von wos herunterjemandet.

eine ganze straße wird in einen einzigen omnibus hineinge-halten. 2 x 11 worte werden zeitgerecht aufgepumpt gegen-einander aufgestellt. sie spielen fußball nehmen straße als ball. wo im hier denn werden ameisenachselhaare verkauft fragt unser worttormann alle rasanten stürmer. im hinteren teil der frechen sprachbrauerei werden diese brüchigauf-gefaulten hufe der polaroidameisen beschlagen. die luft mäht. reißverschluß scheint als öffne er schließend meinen

körper. donner melkt kuh aus der milch. so eine grantschi-
ge bezeichnung spuckt euter aus der kuh spült alle noch
vorhandenen turbovorschraubzungenzieher. gebäudeboot-
segel ist mit plexiglas zugeschweißt. drinnen verfaule ich lange als sprachknotentänzer. straße fährt straße entlang und
verunglückt im neuen auto biegt geländervortäuschanstalt
an sich da hinein. reis ißt mund denkt nach. wasser bleibt
mund wird vom zeichen verschluckt verdrängt gefunden.

faschingslarven werden als sprachersatz in münder ge-
spritzt. bezeichnungsfetzen ohne beine meldet zungen-
schnee gebrochen. es regnet abendsonne von laufbahn-
fetzen hinein ins finden von herz. heutzutage gehen sogar
gelsenkinder auf krücken einkaufen. heutzutage gehen
sogar gelsen mit ausgestopfen lungen auf stelzen ins kino
schnattern dazwischen als vor sich selbst da daher. postkarte sagst du rinnt über postkarte ganz schön weit hinaus
schlüpft als wildes sägelasso ein was es abbildet. 7000 liter
licht versickern uns zwischen unseren fingerattrappen. alle
diese schnecken haben bildpistolen in ihren hüften stecken.
schnecken sind sehr eitel tragen in frühen jahren schon
perücken.

herzorangenpalatschinken hört ihr wir hopsen durch uns
durch hinterlassen in dauerbelichtungen tiefe spuren. so
ein dünner herzpracker hat flüssiges schmetterlingseisen in
wortschlünde eingegossen. flüssige zunge wühlt gedanken-
risse auf. aber auch himmel stürzt herunter wolken bleiben
beleidigt stehen. milch melkt kuh ab verwischt. wutsch. hubschrauber ist jetzt skipullover. ball schiebt tor weg landet im
netz als falter oder als hubschrauberfangseilgerümpel so
schwabbelt luft über. nur mehr aufschrift hält mauer auseinander. aber mauer hält aufschrift durch. jede fahne bleibt
aufwischfetzen. figuren stecken im lichtöl fest. geschirr fliegt
möbel durch die sich selbst umrudernde wohnung.

wir durchspringen den rückspiegel. dadurch steckt ja auch vorderspiegel seine zungenspitze raus. schwimmbad macht schon wieder kniebeugen. das foto erschießt den fotografen ist frisch gebügelte filmszene neu. worte lesen augen aus papierknäuel heraus. bis laufbahn den läufer überholt. schließlich vermutets auch eisenbahnschwellen haben hörfehler bekommen. fläche ist so ein verkehrtes segel läßt sich vom schiffspracker durchbohren. lange schon liegt lässiges sesselkramuri zusammengeknäult als handtuch auf sich selbst da verstreut. zerquetschte wortklumpenanlagen bleiben lange noch flüssig. transparent dreht umherrutschende autobahn weg rinnt als gelenk über diese wildsüße zugelegenheit. dieses tor schießt ja ball in sich zurück läßt sich von tauen in zeitschaum ganz sachte immer wieder zusammenschweißen. wir schreien ins wortloch hinein stopfen es mit unseren ohren. dritter stock fällt von katzen runter hat keine schwierigkeiten beim zurückatmen.

jetzt schleifen wir e-gitarren durch die gegend. jetzt schleifen wir blicke durchs gebüsch. jetzt werden wir von bildern zerrissen abgefilmt. asphalt überholt auto. metro geht schritte in leute hinunter spuckt sie als telefonzelle gedehnter aus. blickwimmerl rollen sich zusammen schlingen arme um. fahrt für das ticket ist heute überbelichtet ausgebrochen. hände trocknen luft sind in gitarren reisdottersalat. ball stößt spieler weg. es zieht an der e-gitarre lastwagen brachiallärm durch die gegend. wir gurten blicke an. torte fällt in weidling schlägt dort den schnee zu klar. im zucker kämmen haare kopf aus der glatze. jetzt schleifen wir e-gitarre durch die gegend. jetzt schleifen wir blicke durchs gebüsch. hand ist ball fällt am tor verdoppelt vorbei. anzahl aller jemals gedachten worte wird uns noch immer verheimlicht. anzahl aller jemals gesprochenen worte ist hingegen bekannt.

natürlich geht boden auf zwei krücken über schritte in füße ein. weil blicksocken dabei ganz schnell ihre überhosen wechseln. im sackerl wird gegend durchs wortrohr getrieben. so wird luft abgeschliffen aufgefüllt mit blickschlammsplitter verkaut. alle kluckeraugen machen hautcaterpillarflugschneise schneller zu da es sonst gegenstände in körper einbröselt. irgendein spielfeld zeigt roter karte freistöße so stopfen bälle schilf aus dem nest. wir hundertfachbelichtungsbauer umfilmen kamerakinder wirbeln gebirgszüge auf. wir lassen schritte nur von füßen umschmelzen. holz öffnet feuer. wir ziehen im fallen flugblasen aus dem hopsenden gefüge. schütteln blickwasserentgifter zu.

mein körper hängt ganz lässig über alle jacken schlüpft über ins denkgerümpel. rinnt über wangen ritzt luft auf stöpselt sich ganz frei. wirschleife am steilen herzrücken so also meißelt brüchiger schokoladecolt die sache aus. stufen gehen jetzt öfters füße der katzen runter. mit tixo klebt luft ihre zerbröckelnden hüftenspangen zusammen. schrille wand springt sanfter vom grafittiberg. aufschrift steht alleine da lehnt lässig dagegen. licht ist aufgeschnitten schlägt klar zu schnee. dugemälde hält hand nach oben läßt filmlöcher eintropfen. im haiaugenklo kaut fischumdrehfutter umher wirbelt heraus. natürlich haben auch alle diese wespen heutzutage boxausbildung sie werden oft auch als besserer lkw-fahrer eingesetzt. kurze blickschwabbelschrift wischt aufgeregte augentafel weg. dann fuchteln flüssige pistolen in dieser verliebten angelegenheit gelangweilt umher. so stecken zungenberge in flüssigen pistolen vermatscherln sich freudig.

irgendwann einmal schreien sich worte gegenseitig auseinander. kuh tropft in ihre eigene milch da hinein ist so riesiges flattertauchboot auf flattertauchbootwarzen serviert. mit taschenlampen geben wir zeichen zerkratzen alle düfte. steckdosen für blicke liegen verwildert umher. wir tätowieren wörter. weil glasreisnagellikör rattert fettet sich gemäldeklumpert ein malt meine hand hier hin und her pumpt meine körperklumpertanlage beschleunigt auf. so greift arm in sich selbst hinaus. sessel pumpt raum noch einmal auf bis er als melodie zu platzen beginnt. rote schul(d)tasche trägt kinder durch jede gegend. in ihren taschen liegen dieselben taschen als schal oder als filterkrallengedanke. tascherl trägt gegendlücke durch öffnungen auf die projektorkamera zu saugt an. wir schmieren flüssigen lärm in alle ritzen beschleunigen so.

mehr als 920 millionen handminenworte liegen im öden gegendgerümpelklumpert umher. auch unfall kommt zu spät findet sogar nicht statt. blöde sache also. tascherl trägt gegendlücke durch öffnung auf die projektorkamera zu saugt an. im ausrutschen fangen wir dann alle gegenrichtungen ein.

autodieb vom zebrastreifen aus der angelegenheit gezerrt. so bleibt montagabend unauffindbar. nebel trifft hals in den treiber so wird hase gefangen genommen. sogar operieren mußte geburscht werden. so treffen kuschelige schrotkugeln nebel in den hals der dann verletzt am waldboden lauert. gewehr hingegen trifft kugel direkt in ihre knie. nur noch wortblut spritzt heraus. so muß nur dieser rettungshubschrauber ins spital gebracht werden. autodieb vom zebrastreifen aus der angelegenheit gezerrt. zebrastreifen eine limonade oder ein blickbüschelkeil. giraffenhals schießt heute zebrastreifen ab. wutsch wir kleben auseinander flüstern uns worte ganz vorsichtig gegenseitig ins ohr. hochhaus steht knietief hinein. finger nimmt mich mund heraus. finger nimmt immer wieder mund heraus. wir tätowieren luft mit unseren lippen. obst schüttet uns aus bis uhrzeiger ineinanderflimmern. so muß wohnung in sich zurückbrennen steht hier.

sofort tanzen zungenschuhe auf buchstabenvorhautblumengrümpel ins ziel. stückwerk gel du streuselst gitarren in trampolinkorkenhendlechoschraubenwolken um. außen liegt das innen der häuser verkehrt wartet auf den beginn dieser fetzigen beschreibung. wir federn vor bleiben aber im rückspiegel des autos kleben. wie unsere blicke zerreißen und eisen sich bügelt im auflaschen der fahrt. wir filmen im filmen aus dem filmen heraus direkt auf projektoren zu und durch straßen zusammen mit leinwänden die kamera. ich habe zehntausend liter flüssigen stahl in ein einziges worttupferl gepumpt. ich habe also zehntausend kilo worte in einen einzigen tropfen flüssigen stahl getrieben. ich habe zehntausend liter flüssigen denkstahl in bildmücken verdreht. riesige plakatwand fließt aus fotos schießt in gewehre zurück. aufgeriebene luft geht über. wir ruderleiberlkäfer bleiben löchriges schließfach schwimmbad am trampolinoberlichtenendlosschweißgerät haften.

bilder ziehen pistolen landen im sprachkot so verrutscht rotziges ereignis. tor schießt fangen aus bällen heraus. stürzt spielfeld zu boden rinnt über sich hin. lautsprecher. tiefdenker. schweif. wir schwimmen im mund um die gedanken. über dem ball da rollt ja der boden kämmt sich wirbel nach vorne. mauer malt pinsel auf zeichen wackelt und wartet ein wenig auf sich sehr. nochmals malt mauer pinsel auf zeichen wackelt als offene axt in flüssigem sinnbreiverhau. wir beißen den hai weg automatisch und pumpen im wortmund-

klumpert freier zum ziel. es wächst aus brillen mein auge.
alle wortinnenseiten nach außen gestülpt so lautet unser
befehl. auch so an die hunderttausend flüssige gedanken-
innenseiten nach außen gestülpt blinken auf.

bananen umhüllen schnitzel liegen als pfanne in der sauce.
wirsegel klopfen wind ab so fängt sich herz ins bananen-
püree. aber mein schiffchen dort drüben bleibt als plastik-
spielzeugautobus nachgebaut singt eine im film. 100.000
l flüssiges eisen pumpt jemand in ein einziges gedanken-
sackerl bis es zu platzen beginnt. wüstenzelt und schnellzug
liegen gemeinsam im bettchen spielen mit unserer spiel-
zeugeisenbahn 60 jahre lang. auch gemälde fotografiert
kamera landet als schwimmbadspiegelfetzen im gatsch.
nur noch schneeflocken sind slalomstangen wischen guck-
eisenkramurilöcher frei verschlammen sich als kilometer-
vögel im klebegeschrei. überlandboot streicht meine hüften
entlang vermischt sich mit deinen blicken. so zerbricht jedes
angeschossene kilometergeräusch.

wie millimeterbleche werden hier blicke ausgehämmert.
wirkliche autos krachen in gedachte plastikspielzeugautos
hinein. wirkliche kuschelige plastikspielzeugautos krachen
in reale wortautos hinein verletzen zwanzig zungenhand-
tücher sehr. kugel in schultern schluckt pistolen pumpt in
denkentzündung das ziel. tor schießt spielfeld über bälle
hinweg landet im projektor als fahrradpumpenleinwand
tropfend verkehrt. bildpfosten tropfen schon wieder aus
allen zielscheiben heraus haben lustige sommerhütte auf.
ausgequetschte geräusche flocken den preis. skilift bekommt freiticket setzt sich manchmal ganz alleine auf ein
parkbänkchen. wiese steht so breit wie kuh im foto. noch
dazu verdrängt fenster haus schlüpft rieseninsekten nach.

zwanzig gelsenoveralls wurden zu weit überhöhten preisen
im internet versteigert. stelle rutscht aus hat reifenplatzer.

verletztes papier verbindet worte wird als milde mücken-
prackerperücke verwendet. klebestellen werden mit klebestreifen nochmals auseinandergehalten tropfen durch.
natürliche flattergedanken sagst du nähen rotzige zei-
chenbänder auseinander. stimmen sind mit ihrem eigenen
körper umlocht. löcher in löchern sind bälle sie spielen tore
direkt aus dieser beschwipsten zugelegenheit. verdoppeltes
loch in bällen schießt tore zurück in richtung. genäht wird
lärm spät abends mit blicken als nudel oder nutellapapier.
eisenflugbrücke liegt im kaugummipritschlerwagen zieht an
der kramurilupenlade mit blicken. wir sind sogar luftlösch-
blatt verteilen gutscheine an alle wortzecken. jedes wort hat
drei wände fünf hüllen und einen doppelten boden der bricht
wirklich nie auf.

schutzhüllen bitte fürs supergeile
hochgurtgerümpelgelage im flex

also diese marzipanschlapfenknöpfer stecken doch schon
seit matschigen urzeiten in nuschelnden trüffelmundkastel-
eingeweidekameras drinnen. sogar wischfeste backhack-
rohrzeichnung rüsselt ins aufgemalte sensenhaufenaus-
gehwerkl ein. schaut schaut diese kecken saugschrauben-
zapfenzeichnungen denkspurprackern mitten ins wilde fest.
so ein knorriger aufpumpmund dieser ziemlich fesche falken-
vertreterbohrgangbeobachter erbricht stempelwortvorort-
platzröhrchen aus so mancher ziemlich rutschigen denkauf-
schraubflügelangelegenheit.
schaut übers schauen über die schulter dort hinein wo kopf-
immundtrampolinkehlchen und zitronenglassaugschlamm-
dingsda alleine dahinstreifen. sieht auch wie feinstes bade-
wortwasser doppelalarmumarmung aus bildschwabbel-
tänzerinnen ist. will sogar neuerdings auch noch zusätz-
lich pistazienblähungspinzettenseilbahn werden. vom
ausgehackten seidigen wortattrappenbadewortwasserl in
ein anderes hüpfen wäre doch eine kecke ausgehübung
was meint ihr. bildfetzenkrümelberge und dreifachumtropf-
kopfstände lackerln aus. du sagst sie füllt damit sicher
auch denkschulteraufklapplade mit frischem wischfestem
französischem ziegenkäse mundmangospänen auf. super-
zungenschanzenfadenschaukler bleib bitte jetzt einmal hier.
ganz süße mundsensenanstaltsinserate als wildzartlocke-
re hockkopfstandschnipselvortropfwarzenhorste in alle
nelkenfalkenverstecke hineinwatscheln wäre so ein netter
plastilingedanke der zu üben ist. nur noch diese feigen bo-
xersplitteraugen bleiben nach angabe von *ich* wie brüchige
aufgepinselte plexiglaseuterlastwagen übrig. hört doch

vielleicht spruchmatschgehen wir mal in glasschaumend-
lossäurenanwaltsattrappen denke ich als lockermatschiger
kneteisenpropellertester durch wuschelige einfahrt. wirklich
jedes durchsichtige bildpumpenklumpertflinserl fräst nach
felgaufschwung gleich auch noch gummipropellersensen-
gelächter auseinander. weil natürlich dort lufthintern aus
steilen plastikstachelhochseedampferauskippwachs end-
loslang durchgemeißelt scheint.
wir gehen weiter. wir gehen rüber. wir sitzen bei. na also
seilbahnfetzenedi ist im schönsten aufpumpzuckerlmund
mit zwei zirkelmasten verliebt gewesen. wir gehen weiter.
wir gehen rüber. wir sitzen bei. diese neuschwindlig heraus-
gemeißelte gummischulteranstaltsklappe ist als wildzarte
trüffelerdbeernougatmischung aus leicht angetippten lau-
scherlscherenlassomandarinen dazuverkaudichtet worden.
wir gehen weiter. wir gehen rüber. wir sitzen bei. segelmar-
terlklupperl halb verkehrt wird mit uns glasschlammschrau-
benklupperlkiemenapparaten versiegelt werden müssen.
wir gehen weiter. wir gehen rüber. wir sitzen bei.
auch eigentlich schon sehr: hier über da hinein. alles luftmehl wortmehl bildmehl bitte hört mal her. duftschotterge-
rümpel wird hier vermischzwischenzischt und kann dann
als knetumkehrmasse natürlich mehrmals wieder als turbo-
laderkäuzchen (hört hört wird hier hingeschrieben) hoch-
geschnalzt werden. im salto mortale filmen wir natürlich
in echtzeit mehrfachbelichtet mit. satte aufpumpgeräusche
sehen sich in diesem filmbutzerl klugerweise als ineinander-
splitterwachsende schnatteregoisten dahintanzen. wollen
also länger seilbahnpistazienblähungspinzetten an der glat-
ten krachwand haften bleiben. wir gehen weiter. wir gehen
rüber. wir sitzen bei. flatterturmburschiwurmgeräusch hat
einen lochfängerhalter in dem sieht sich der libellenlieb-
lingskopf als rühriges gelsenmündchen stecken. sicher ist
libellenkopfimrachen im gelsenmundzapfen als geräusch-
lochstange mit wokwolkenflügeln leicht aber vorgetäuscht
verplatzt.

frage an: wer topft mit ausgestopften wortattrappengesetz-
netzen umher. zitterloch im doppelumkehrmund wird natürlich immer wieder aufs neue als zarter sensenkopf in seil-
bahnblähungsdotterdattelpinzetten vernannt. so geht es
weiter. so rinnts durch. wißt ihr im millimetergenauen lücken-
parameterschnabelhäubchen ist unsere heiß geliebte wort-
waschgeräuschsfetzenmaschine versteckt. wißt ihr das
schon. schaut über schulterlochmaschinen und sieht wie
spiegelkneterfetzenfredi nuschelnde schraubenneonfänger-
öffnung ist. schmilzt die umgebungen gelangweilt ruckartig
aus dem gefahrenbereich. hallo hallo bist du eigentlich aus
rückengummiumglashäusern gekommen. steigst so im
schrill aufgewirbelten riesigen ameisenmundtropfenfoto aus
schlitterbellendem ohrmillimeterteilbereich.

über alle schulterendlosschuttlöcher schaut unsere schulter
hier nochmals herein. kleine zwischensichtüberraschung
also: die nette schwammspritzpistole der polizistinnen
wird vom endlosschraubenvideo vorsichtig angeschossen
muß sofort zum rührigen senfsensenhaufenklupperlwagerl
zurückgebracht werden. wir schieben uns nur dazwischen.
vielleicht bröselt plastikpapierkopf in breiigen wortklumpert-
säften zusammen vorbei. so bleiben uns halt mal mund-
sägegelegenheiten übrig. so kurvt die geile gemäldebahn-
discothek im formel-I-boliden umher kratzt schneller als alle
anderen drinnenimmundumkehrbäuche die engen kurven.
man sagt schwimmsäurebild ist ein wegfingern der wort-
wischanstalt die hier dampfend als rares hochseilflitzerboot
ausgestanzt wurde. knitterschwabbelndes übereinanderge-
kochtes lockerfreundliches ausredenreiszwiebelgelächter

wird mit blicken beschmierte worthautattrappenhälse absaugen. vielleicht zerkippt nun ziehschlagumpumpkehlchen mitten im wunderlichen geländergerümpelhaufengeschrei mein schon lang einsam blinkendes zitterschwabbelherz. aber zwei so nette skispringerinnen sind in der luft kleben geblieben und müssen heruntergekratzt werden. vom fotobalkenflinserl hingegen fallen sie immer wieder rascher runter. bleiben einfach nicht zitterhaften. so klumpt jeder gläserne herzpaprikapracker auseinander klemmt zu den wortgräten hinüber. plötzlich reißt bildpfote ziemlich coole leinwandpratze auf bleibt unser ach so heiß geliebtes zwiebelbananenwörtchen in denkschokolade eingetaucht. dieses neue schicke unterwäschegerümpel erscheint als mauerwerkkehlchen bewegt sich als neuer superschneller bolide in aufsaugausquetschbildern am zahnstocherzuzelpapier. durch wortsäurehälse schneidern wir unterwäsche ums turbolichtschotterhaus. diese schaumige wortsäurehalsnaht oder doch dieses sulzige wortklumpertgerät ist angeblich um den frechen mundimmundpracker lange schon im zeitlupenschlatz abgehangen.

der eingebogene skispringer glatscht verkehrt aus schraubt saugschanzengedankenfälschungsmaschine um. trocknet unsere zungenschuhe auf. scheinbar schneit es tore in den ball zurück. aufblaskrachlackerl sägt den filmhelden von der leinwand und knöpft sich so manchen dumpföden kerl vor. das wasser leert die flaschen aus dem inhalt tut so als trinke es ersatzweise gleich auch alle anderen übriggebliebenen aber topfiten zungenzangengeräusche auf.

eine flüstert: vorsicht vorsicht unser fescher bildschirmpinselschnitt dringt in turboritzen der schrillsten kaubewegung ein. bleibt so über 20 sekunden unter allen knitterblicken stecken und schnalzt mit der allzeitgeliebten wortzungenvertreterin durch so eine frisch aufpolierte granschige herzgießstempelanstalt. ganz vorsichtig werden alle blicke im wildzarten zwischenbelichtungsbildwasser herausgebacken. genau so also kurvt so eine brüchige duftende wurfgummineonhüfte schneller im gemeinsamen körper zum fest. unsere zungenschuhe sind schrill herausgeputzt mußt du wissen. leinwand bricht filmhelden auseinander. rinnt zum riesigen aufpumplanzenprojektorzapfen hinüber. glücksbilder schießen zurück machen leichte turnübungen am schmalen hochreck. auch der ball schießt eine handvoll tor sofort hinüber. also so fällt ein wischfestes mehrfachgeschraubtes salto mortale-marmeladenfängergerümpel in sich zitternd aufs hier zusammen. diese neue temperaturmessergesellin der vorbauwörter ist plötzlich ganz schön teuer geworden und besorgt sich noch einige schutzhüllen fürs supergeile hochseilgerümpelgelage im flex.

das kehlchen schwimmbad am hochseillappen ein freundlicher stricktänzerkobold filmt sich ausnahmsweise als mehrfachechobelichtetes szeneflockengetue mit in die feine weltmeisterschaft wird hier gerade gelesen. oder stimmt es vielleicht nicht. es flüstern unsere aufpolierten blickkugellager. es zwiebelschraubenschwindelt sich als wortwandscheibenwischer ein und glitscht ein wenig verwirrt in den matschigen worteingeweiden umher. daran wird auch noch gedacht: sprachmatschschotter zerschellt dort drüben auf der autobahn kurz nach unseren hockgewickelten schluckaufanfällen bei florenz. stop. bildtropfen eingefroren. wiederholung der szene steht hier. sprachmatschschotter zerschellt nochmals drüben auf der autobahn kurz nach unseren doppelten hockgewickelten kecken schluckaufschraubanfällen bei florenz. so irrt zungenbohrschanzenmaschine alleine durch alle durchgeschweißten weißen nächte.

rucksackerl sagt der zitterkreiskauprackerpunschkrapfen will unbedingt korrektur des zwischenbeichtberichts sein. rucksackerl sagt lichtölfässertauchen das ganze kolossale marktgetreibe rutscht auf einer einzigen augenbraue aus hat sich fast alle noch vorhandenen bauchfingerhosen auseinanderunterbrochen. vielleicht sollte der platz im rucksackerl als sonderkritzl umherwedeln. haare schneiden nur scheren den kopf bekommen sofort einen farbpumpenradlerhörapparatgutschein geschenkt. libellenhörapparate werden im internet völlig verbilligt angeboten. libellenhut dieser nette bewegt sich dabei wie rauchschraubencaterpillar gießt die schönsten bildflockenturbokleider im film fest und schwabbelrüttelt an meinen armdicken augenbrauen durchs ziel.

unsere weiße nacht filmt jedes kameraflockentreibgehabe ab. wird deshalb gleich zurückumhergerüttelttätowiert. sie befiehlt: filmrechenhauer schneide bitte auch umkehrkameraschaufel aus. die bildfingerrechen müßten auch noch ausgebunden werden. sie flüstert: comixkörper pumpt luft auf verletzt tätowierungsaufsauggehabe in dieser ach so netten süßanstalt. draußen im sinnlatzerl mischen sich sanfte schlitterschritte mit abgesporteltem schriftgeweih als spiegelteichhüpfen über die durchspringende ziellinie. jemand sieht sich leicht herübergreifen. schiebetür legt alle möglichen lackerlmauerkratzer dazu. wird von blicklanzen aufgewischt. augenklo ist rühreimaschine und verkauft safrannieren. es wird geflüstert: ein mutiger kugelfischsportler dieser wilde kerl sitzt in der mini-u-bahn und bestellt sich natürlich nur bei mir sein noch immer heiß geliebtes iskenderpizzagemälde in diesen text da hinein. hops hops.

plastikpapiereisenflugzeug am wortklumpenego zerschellt das steht doch schon immer ganz fest in der denke. eine aufgeblasene kameraflockenattrappe rinnt nun darüber. unser strahlender blickhaarärmel zitterknotet nach innen ab. warum rast aber dann papierzebrastreifen doch noch hinüber. knallt ja auch fast mit irgendeinem autowimmerl da und dort durcheinander. ganz unerwartet rinnt bildge-

rümpelangeber von der bühne. zieht zahlreiche blickkran-
angelegenheiten aus dem hosensackerlteich. so fallen
unfall und architektur gleichzeitig aus dem flugzeugdingsda.
rostiger wortklupperllöser dieses glasampeldach schneit
blicke übers lärmflinserl ins laute luperlherz. manchmal wirbelt mein fetziges plexigummiglasdampfkehlchen goldene
konservendose im blinkenden bakterienwortmundgemäuer
hin und her. der fixierstoff fährt sozusagen über alle noch zu
denkenden aufbohrgedanken. die brechen aus. die brechen
zu. die brechen über. jeder neue blickbogendehner wird
dabei ganz deutlich sichtbar. die brechen zu. die brechen
über.

der hirsch ißt den fänger aus dem tellerwischer blitzartig in
diese textstelle aufs augenklupperl fest. neu aufgestellte
wolkenknäuelanlagen zerschnipseln schrilles hochhaus-
gelächter und fahren im ticket gratis mit. plötzlich stoßen
bildflocken selbstbewußt unseren zebrastreifen weg. so
fährt fixierstoff über alle diese ach so netten gedanken.
volkszuckerlwatte stoppt vor unseren prallen aufpump-
worten. halt da. eine sagt ja auch wolkenstöckelschuhe
ziehen hochhäuserattrappenstöpsel als rosazauneroverall
an. halt da. so rollen turbolatzerlaugen im prallen plastikpapiereisenflugzeug aus. jetzt fährt fixierstoff über alle diese
noch zu denkenden aufpumpgedankenspritzer hinweg auf
alle offenen und fragilen plexiglasdichterschultern zu.

so ein insekt kann natürlich nur lastwagen sein kratzt riesigen ölklumpen aus fetzigem fotomascherlbeutelgetue
heraus. ein topfites basmatireiskorn scheint hinterfotzige
filmkameraattrappe zu bleiben und könnte sich so als
kurzes anwischen von grellen signalstiften dazwischen-
liegestützen. ganz schön plärrender alarm macht jedes
zirkelwischzeichen als herzige zitterschwabbelleuchtschrift
auf bläht im linken insektenlungenknieflügelgehabe weit
bescheunigt durch alle diese weißen nächte.

daß ihr mir im mehrfach durchwickelten aufpumpfoto aber
bitte schön auch alle wände mit frischen basmatigraham-

masalereiskörnern ausnagelt. ihr müßt es euch schon ganz besonders gut auf eure lippen reiben. im mehrfachbelichten ist unser alarmbildrüsselzieher vielleicht auch netzkehlchen fürs vielfach hochgepriesene wegwerfsirenenwortklupperl. unser spiegelfetzen fährt übers gegenüber und liegt daher plötzlich mit einem offenen unterschenkelbauchbruch in der überrinnblende da. na also. kein schottern mehr auf unseren lippen heißt es ratatouille. na also. boden wischt besen in feinstaubattrappen hinein wird automatisch zu drei frischen handschwimmsemmeln gemeißelt die später umgedreht dann als mutige sesselrasierernorm dahertorkeln. die stille bleibt ausgelutscht im rucksackerl liegen. gemischtes riesenmonitorgemälde erscheint leicht zerdrückt im wortpatzen als bildhornöffner oder als bildschaufelstecken blinkend. rollt so der ort aus dem gefahrenbereich. so zieht sich die hose einen handschuh an und trocknet die innenräume der fragilen tauchtraumgänge im allzu rutschigen wuscheligen seelengerümpelgeschrei.

wortklumpertkramuriflinserlhaufen wird durch bakteriengummi gerettet beißt eitrige gattersprachstäbe durch die denke. ein schlauch wird hineingeglüht gesehen. die oberlippen der wörter sollten womöglich immer wieder neu tätowiert werden. diese riesigen gallenblasen unserer wortattrappenflocken zerplatzen synchron. schießerei in spielzeugpistolen verunglückt. so wurde der unfall festgenommen als muster fürs bett das uns umhält. so staut sich der gesamte tunnelhaufen heraus. auch der glitschige waldbrand innerhalb der stoppuhr rutscht aus dieser angelegenheit. zikadeneier legen primzahlen um. schießen in die gegend als halb aufgeklappter schauspieler. skifahrer im spülmittel verunglückt hieß es dann noch sehr lange. sogar hautbahnhof ist in sich immer wieder als leerer wagen zusammengestoßen. messerstecherattrappen verletzen messer heute aber ganz besonders stark. so müssen sie beide ins spital gebracht werden. mondsteinsirup bringt apollokapsel zur welt. wird ihm als elegante mundharmonika umgehängt. die blumen gießen das wasser. nur so bekommt die luft ihre abdrücke. nur so bekommt die luft aber auch ihre abdrücke zurück. auch ich schneie zurück ins essen. der reifen rinnt über weils unser lieblingszungendingsda zusammendaherschnalzt. so ein hut nimmt den kopf ab verschwimmt mit den frischfeschen gedanken. alle türen im salat gehen auf spiegeln in den vorhangpracker ihres eigenen trichters ein. der unterarm ist ein t-shirt kritzelt innerhalb des bleistifts um die wette. ein schriftzeichen beschießt alle krachschaummauern. erst so geschieht logik. die rücklichter der blicke schwabbeln am getriebe der flugschneisen vorbei. der torhütter ist eine kuh melkt schüsse aus dieser schrillfeisten pumpfetzensprachanstalt. harlekin darf nur in feinster balsamicoerdbeermarmelade einmariniert werden gebe ich als code vor. einmal fliegt himmel auf direkt in den neuen ball hinein. bildreste flattern sickerpfeile durch schwingzuckerltür.

alle blumen sind aus glas weil die gesamte auslage aus vollkornbrot bleibt. wird sofort als politische übungsrede zusammengemeißelt oder als plexiglasschaufelnest ausgeflippert. im fortgehklumpertlokal schlagen sinnkugeln aufeinander hängen ihre briefloszungen raus. so abgeschält bleibt glas in den urwaldbäumen. um das wortkramuri wird versuchsweise ein leichtes wortklumpert gezogen. gilt als ticket für die eingeschmolzenen blickhäute. unser denken also eine locke im krachmatsch paddelt durch die neugierige aufschraubwortanstalt. der unfall findet nicht statt kann also nicht wie ein tischtuch aufgedeckt oder locker wie krachstäbe knuspriger zusammengefaltet werden. der bobschlitten im rucksackerl meldet sich nochmals bei der schiedsrichterin. der gutschein teilt die leute aus. weil unser schickes marktaufpumpgebilde aus zucker ist fließen schrille bildklumpen in den zähen wortmatsch ein. sollte der dornenfaden vielleicht doch zelt sein. das angeberische unterseeboot im auge kurvt wilder durch die blicke ins rotzige kramuriumkehrherzerl hinein.

aufblasspiegelhochseiltorkler gibt jetzt stunden zum nulltarif. dadurch hat die sonne ein loch in der schulter stecken. läuft so eine neue dreifachumdrehbestzeit. unser kleben löst nur bestes olivenöl aus der bezeichnungsbeziehungsflankensäure heraus. schiebt ball das tor jetzt weg durcheinander oder rettet er sich in den gefahrenbereich. schiebt das tor den ball in sich mehrmals als flugschneise von fängen zurück. kopfhörer dreht laute um heißt es im zerplatzen der wurmigen worthautumkehrballönchen. das plastilin ist knitterschaufel zur architektur als umgekehrter geruch so serviert sich das haus. neu ausgenagelte bildflocke fotografiert die kamera weg. wird erkannt als sich selbst mehrmals abbildendes foto verkehrt durchs gegenüber gepritschelt.

lärmhosenumdrehflinserl schwingt zwischen den andockschwabbelstellen hinüberher bis die übergehsprunglatte erreicht ist reißt der schweißpalast ein. das geschirr rinnt in den hängeblicken nach vorne und umstellt sich als riß selbst in dieser fetten angelegenheit. ist flinserlfliesenpumpe das loch in meiner morschen zunge oder nur ein nach außen gestülptes zahlenmaischeruderzweigverliesgehabe und platzt auf.

die ofensau muß raus

mit neuer spielzeugbank täter beraubt. so fuchtelt das bild
in der pistole wild umher und findet keine öffnung mehr. der
blick löscht den brand und saugt alles wasser aus. mit zähnen zahnseide gereinigt sagt die pistole zum geld. immer
lutscht das spielzeuggeld den bankräuber ab und schießt
sich spielzeugbanken in die pistole. die zeitung blättert die
luft um und verfällt in den buchstaben. dieser überlandbus
muß zusammenfaltbar sein um den aufknetziehbaren zu-
stand besser zu retten.

geht ein planet durchs nadelöhr oder was hab ich da gehört.
die augenklumpenbutzerl wischen die luftigen knitterstellen
der steilen einflugschneisen ab und schüttens weg. nette
landkarte nimmt den neuen handyhörer lässig ab und steht
gelangweilt lachend dazwischen. so rinnt der koffer jeden
inhalt auseinander. wo ist planet venus außerhalb mit. eine
landschaft wankt uns entgegen spielt eine runde golf. hat
ein fetziggrelles planetenleibchen an und schnuppert tief.

die betrunkene sommerwiese schwankt über die autobahn
daher. wird von autostoppern in sich zurückgewiesen und
stülpt sich dann später ein frisches t-shirt ungebügelt über.
irgendwie glücklich zusammengefaltete hochhäuser rutschen auf dem nassen asphalt aus und kraulen einen unüber-
bietbaren neuen weltrekord. die dadurch entstandene
zuschauerschneise ist fast zu weit aufgepunktetes auge
verwischt im foto als schubkarren die punkte. im köst-
lichen kirschweinbrandsodawasser ist schon wieder unsere
olympische sommerwiese gelandet. auch aufpumpzwit-
schergelsen und vieles andere mehr. unser superneues

hochhaus überholt jede sommerwiese wenn es als lackstift hingekritzelt wird. schillerndes buntglas bleibt so scheint es ewig die luftfalte die es auffrisiert. schokomarmeladeessig sitzt ganz ruhig am zeitschinderhocker und wartet daß er als kalbsschulter angesprochen wird. passiert das ausgeht-t-shirt wechselt stündlich seine farben und wird deshalb in baklava eingebacken. schiebetür bleibt martiniring auf unseren prallen lippen.

pistole von café überfallen. schauplatz war ein 1000 € schein. wortmoped schneidet wortmoped so als wären sie lockere lastschwingtulpenwägen. so ein strick ist ein becher malt das segel auf den masten. das zimmer zieht sich aus. mund schleppt einige wörter ab. dieses geräumige zimmer da ist also nur eine kitschige bergrennradmaschine und klärt die sache. mund bleibt im zimmer nagel oder rühriger zugestempelter geldschein. das nach außen gestülpte superzimmer ist eine frische locke im denkmatsch. dann meißelt der gutschein die sache zurecht. arm vom zimmer geteilt so sieht es zumindest unser wuzelfähnchen das hier steckt als geigerzähler. zimmer schießt gegen die richtung bleibt also als verkehrtes gewehr in sich selbst zerronnen.

frau hat messer erstochen. nur so wurden schluckimpfungen durch unwetter gerettet. so ist auch die kleinste fischart der welt selbst forscherin geworden. ein milligramm ist eine zu hohe strafe für diese launischen glasfaserleitungen. der hauptverdächtige sitzt im zwischenwörtchen als schnabel und reißt so manche kilometerzungengeher ein. die zähne in den augen sind ein durchsichtiger flugkraulfisch hier cremig locker eingezogen. das schwimmen näht als erdbeben die fakten weg. schließlich überfällt also doch dieser zettel den bankräuber. so wurde diese neue szene jetzt in jeder banknote begraben. jede schanze bleibt selbstverständlich auch tennisball halbseiden als überhauptrekord gehalten. gehsteig hat kaugummi ausgespuckt so darf er jetzt endlich

sattelschlepper werden und als schubumkehr durch alle poren pritscheln. nase brach luft alle knochen also scheint was
umgeblättert im ohrkramurihaufen.

so ein mutiges sparbuch stahl polizisten den täter weg. so
stülpt einkaufstasche den beamten raus. überwachungs-
kamera also immer im bauch des geldscheins mitgefilmt so
lautet das stichwort für den sportler. so bleibt lichtmuskel
gefrierfach. so rinnt der geldschein als pinzettenspülmit-
tel im gefrierfach und löst alle einkaufstaschen auf. zwei
segelschiffe im helikopter herausgebacken so stürzen
alle maultierelche hervor. formel-l-wagen im sandboden
gebilddarmt lautet die aktuelle titelzeile heute. fesche wand
rutscht am aufstieg vorbei und fängt alle radler im knie. nase
sprach der vogelelefant ist im gelsenknie das halbe überra-
schungsübungswrack auf butter zerlaufen.

satte worte zerquetschte sattelschlepper mitten im pkw
drinnen als denkkrücke begegnet. so kam also eine rolltreppe im kind zum vorschein die logischerweise dann
fesche puppenkinderfinger ausspie. im entgegenkommen
schlüpfte die schwabbelschwalbentonne aus ihrer mitte
und seifte den vorfall ein. das putzmittel war eigentlich eine
digitalkamera und ließ erneut die zähne fletschen. so also
ist jetzt geschwindigkeit umgestülpt eigentlich magermilch-
verkäufer im durchfall die schaufel für den geisterfahrer. das
erschießen pflückt die schwammzunge raus war also eine
sonnenblume im abfallhaufen.

die ofensau muß raus weil sonst das eisen zusammengeschmolzen wird so steht es am eingang des stahlwerks das vor unseren augen tango zu tanzen beginnt. auch der sockel tanzte mit so fingen wir einige verlorene tage wieder ein. zweijährige regentonne plumpste im kind aus dem becher auf das kleid und blieb fast 30 sekunden in den worten bis sie gerettet werden konnte. der berg fährt auf dem rad die kategorien hinauf und ließ den radprofi zurück. da wütete das kind und wirbelte das stahlwerk in die ritzen.

alle brote werden mit semmeln bestrichen so ist butter eigentlich messer und spart logischerweise sehr viel zeit. ein brennender flughafen ist in einem flugzeug auf dem weg nach havana notgelandet. dem maisfeld wird es dabei zu fad geht also ins kino und ersetzt dort den projektor. der rennwagen bleibt hier lieber käsekrainer und schneidet immer einige grimassen mehr. der schwan torkelt statt der steine in die inserate ein und lässt verlautbaren. dieser käfer da ist also ein neuer kaugummiapparat und strahlt einbeinige energien aus.

milch stahl der täter sonnenblumen aus der sonnenbrille und bekam so das grüne trikot übergestreichelt. ein ohr fiel in die himbeere veröffentlichte egoistischerweise literweise frischen blutorangensaft. das opfer redete auf den regenschirm ein bis er sonneneier freigab. ein ganz schüchternes wortwimmerl biß den hund in den hintern. so begann die umgebung in sich zirkel zu tanzen. auch knorrige wolke fraß das gebirge auf und hinterließ keine sichtpuren spuren. so wurde ein riesiges kraftwerk in einem einzigen zuckerkorn gefangen und versprühte noch dazu freundliche blicke.

ein ganz netter spaziergänger wurde von wilderern angefallen so sprang spiegellatzerl aus flinten heraus und war ein ziemliches zitterfalkenhäubchen. zwischen den zeilen lag ziemlich schnell ein vermorschtes reh und klingelte dieses textzitat da ein. wir klappten die landschaft auf und stellten uns dazu als griffel. vielleicht nur als foto oder als schraube im hurrikanfilter. der pantomime war wilderer und erschoß die kniefreie spiegellatzerlflinte. so rollt das geschehen. die fotokamera fällt aus dem foto wird zur ölkreide schilf. helikoptergegacker zieht als blickseilgegacker los. bildpatzen schluckt wirklichkeitspatzen hat nie zahnweh dabei.

arche rettete boot aus dem fußgänger raus. so verwechselten sich bootsunfall und kehrwasserstrudel hatten schwierigkeiten beim zurückkentern. sogar das spital sah zu und warf hubschrauberschwammund aus dem handtuch. die gletscherspalte stürzte und brach sich den oberschenkel so konnte der himmel als geleefruchtbonbon genommen werden und rettete den hai aus der kaffeetasse. feuerwehr durch waldbrände gelöscht steht hier. so flüchteten die häuser im inneren der menschen. unachtsamkeit klopfte wie zartes haifischhimbeerwasser zusammen und rettete das busunglück aus der zeitung. die bienen waren vermummt so tauschten bankräuber und geldschein ihre position.

ohr biß elfjähren in den oberschenkel. da sprangen lauter kleine hundewörter raus und bemalten die kreischenden windeln. zu billigstpreisen verschleuderte das gebäck den flughafen. so watschelten die passagiere gratis zum ziel. der entminungsdienst löste den schuß aus dem splitter. fremder geruchsfängerwaffel wurde übel und sogar polstersitze stülpten nach hinten weg. das leukoplast klebte alle luft frei und wir filmten als scheibtruhe ins freie so sehr intensiv daß uns rexgläser zurückkritzeln mußten. die alpen überquerten die straße wurden fast vom frechen radrennfahren niedergestoßen so machte die zeit alle zeit gut. steilwand mußte hubschrauber aus dem holz transportieren. alle geräusche klappen zusammen und spucken heißes wetter aus. spital mußte aus hundeopfer gerettet werden so konnten verletzungen tiere behandeln und zeitgerecht in die attacke einschlüpfen. ball brachte tor ins spital jetzt hat der schuß viel freizeit und schlendert im strafraum umher bis ein spieler ihn schließlich verwertet.

riesenseerose wechselte im büro 106.000 km² erdreich gegen ein brieflos ein sagte lkw-stringer zum wortmatschbetonierer alex. beim naschen wurde leider eine kinokarte erwischt und mußte daher alles gesehene zurückgeben. so schluckte dummes huhn den finderlohn und wurde nie gefunden. jetzt erst werden die tasten »strg« und »h« gleichzeitig gedrückt: nur eine überreife cocktailtomate mit zunge wird vermutlich erscheinen …
bauch rammte fisch aus dem wasser so fiel das zimmer aus dem motor und verkühlte sich ein wenig. ein feinkostladen fiel über ein raubtier her und veröffentlichte etliche wortanzeigen in der ziegenfachblattmonatsschrift. die ränder der zahlen wurden abgeschliffen also konnten sie als schwamm beblinzelnutzt werden.
umweltschutz köpfelte ins kompott und wurde von der behörde zerfessen. flugzeugtriebwerke glatschten im plastiksackerl zusammen ließen sich im aufpumpfoto veröffentlichen. ohr biß hund aus dem gefängnis wurde so also als sicherheitsrisiko erkannt. haube verkehrt blieb fahrrad lockerte alle weichen schrauben.

geflügel impft handy in den surfspaß. blicke rutschen beschleunigt weg und tauschen haftschalen gegen haftanstalten ein. in einer einzigen sekunde 20.000 blitze aus einem winzigen wortwimmerl gespradert. so geht der regen statt der straße zum grantschigen feuerwehrfest und dreht ein wenig an den vorrichtungen. netter zebrastreifen brachte die rosen über die straße so daß sie im geländezuckerl umherdirigieren konnten.

das schiff ist innerhalb der zeichnung ein wandgemälde das manchmal ausrutscht im segel als masten. mehl ist mehr wasser als ofen sagte die wolke zum schwan der sich unrasiert toastblicke schneuzt.

riesiger durchmesser eines urwaldregentropfen landet auf der grantschigen tragfläche eines treibeisenflugzeugs. ganz betrunken stempelten die marshall-inseln hin. die details bestanden aus schädel zähnen waffen und durften im abspann mehrmals leuchten. alle hirnteile verselbständigten sich und wechselten in ihren regionen vierundzwanzig waren es ganz wild durcheinander.

leiter stürzte den tod aus dem körper so konnte der verunfallte wieder kirschenpflücken gehen wie eine wäscherin den polizisten berichtete. so steckte die steckmücke die malaria in ein wort und ließ sie dort versickern. so heftig war der wald noch nie in den gewittern daß er in sich durcheinanderpritschelnd dastand.

bein trennte unfall ein motorrad ab so wurde weinend ein neuer helikopter geboren verbreitet sich in windeseile. geschäft zog räuber aus der puddingsauce und glänzte überaus stark.

einundsechzigjähriger see im jungen matrosen ertrunken. lärm lutschte rentner aus der anstalt. zwei touristen löffelten im stürzen unser flugzeug zum start zurück. razzia griff den hals an und glückte. der löwenanteil im herz ist eine nadel die leuchtet im dunklen sehr weit. die sonne duschte im handtuch sonnenschirme raus.

eine achterbahn und eine tigerameise verbünden sich gegen einige stechmücken so konnte ich meinen overallvorrat wieder erhöhen. schicksal: auto vom parkplatz angefahren so stürzte der wilde zebrastreifen in den strand und wurde vom gnu verschlungen. ein mutiger pensonist schlug in den strom hinein zog ein zirkelkabel heraus das ihn blitzartig veröffentlichte.

süchtige amsel schluckte ungezogenen forscher so durfte sie gesunden und gab zahlreiche autogramme in der u-bahn spät nachts. dogge romulus trieb giftzahn aus dem herzpracker raus und wurde schließlich doch noch ausgezeichnet. eine gottesanbeterin verschlang einen ganzen regenwald und durfte daher diesen einsamen koala heiraten. der rücken kraulte alleine ein paar schnelle runden und schlug so vor dem schwimmer an. ob er dennoch disqualifiziert wurde ist uns nicht bekannt.
absturz überlebte ungeheuer in einer einzigen satzleitung ball. tresor stahl beim einbruch dem bankräuber die geldtasche wurde infolgedessen gleich zum neuen bankdirektor befördert. betrunkener führerschein wird jetzt statt dem auto benutzt.

zünftig wird licht in scheiben auf der butter in die brote gestrichen. insel kommt über land als handtuch oder als zungenpinzette umkehrschuhchen dahergeschwankt. die reise könnte aus reis sein und guadeloupe heißen. schmetterling kauft sich ein sportrennrad und dreht einige videofilme. spannleintuch oder passiermühle wer gewinnt früher einen schusseligen lottosechser. die seenot rettet den see aus der wilden schachtel in das rücktropffoto hinein.

so mancher hochofen überschlug sich war nur mehr zettel und bastelte am lärmknoten umher. auch wir regnen in der hängematte umher und pfeifen um die wette. der mond fährt im ballon davon. wir müssen das licht ersetzen und auch dauerbelichtung sein. rettungswagen verläßt extrawurst unverletzt. ganz genau aber zwei schritte weiter geht das brät baden und verteilt gratisparkscheine für die belegschaft.

plötzlich aber wurde jetzt so ein fallschirmrundherumsplitter von gletscher aus riesigem fernseher gezerrt. so mußte eine neue rückversicherung abgeschlossen werden um die paragleiter abzusichern. autofenster fand kind im spiegel liegen und leerte sich gleich ungeniert dazu.
überlandstraße stach dolch als klebeband nieder und fischte einige wolkenkrater aus dem grindigen gefrierfachmesserbereich. schwankendes hochofengeländer wischte spazierengehen ab und bekam einen wirklich grausligen wortausschlag dadurch. die drehleiter im brieftascherl gab dem korb einen fischhundkäfer so verlor der brand seine wohnung und plombierte so manche eitrige sichtweise.
in der obstlade liegt ein ruderwimpernboot das jeden tag aufs neue eine käsekrainer in den milchkaffee zu werfen versucht und als brücke zwischen den gelächtern verwendet werden könnte.

ganz rotziges hallenbad rettet buben aus dem wasser ertrank aber selbst dabei. ein rostiger preßlufthammer kam somit aus unserem ohr gesprungen und schluckte lärm mit einer pinzette aus plexiglas. gemälde zeichnet den maler weg und konnte so als überglücklicher dosenöffner in sich selbst dazuschlüpfen. igel verpaßte vollvisierhelm einen ziemlich argen fußtritt und wurde sogleich vom luftballon verhaftet. hochgeschraubtgeglaubtes sprungkehlchen aus ritzen heraus klebt aber zurück in wollkritzlstricke.
es lutscht nur bestes speiseeis die ruderleiberlzunge über eine sprungschnur in so verliebtes wortgerümpel hinein und winkt seiner freundin. aber die auslage versteckt sich

hinter der einlage und war frisch aufpoliert verlaufen. lange liegt die couch schon da und es wird ihr gar nicht ganz übel dabei. die niesende speise legt den kochlöffel zur seite und saugt an den lippen. die spur hinterläßt schritte und schiebt so staubigen abdruck weg. im streifen läßt uns der körper als fließender zuckerhaufen zurück.

rutschig aufgeräumte wohnung vom haus ins rettungsboot gesaugt so sprang ampel in herzsägen und wischte alle bezeichnungen in blickwinkelpfeile fest. so manche augen entleeren ihre bilder im neu umgebauten krachmatschangebertrichter. große wolke zerrt kleinen himmel weg bleibt marktgebiet also kegelbahn im spiegel der handflächen emsig verlaufen. aber sage ich geraspelte blicke fallen mit allem geblickten zusammen und lassen alle eisenpuddingränder weg. wir hängen in palmen um und turnen im pfirsichgeschrei umher als parfaitreifen.
fest ist dieser pudding und weich ist das eisen so floß die sau den ofen und mußte prusten. ein auge ohne köder wächst im faschieren blicke auf. ozean mein zettel im bunten glas eingeschweißt und eingetaucht in bitterschokolade.

ein auto geht statt der kuh zum schlächter und findet sich wieder in den regalen großer supermärkte oder kauend im zitterschwabbelmund in den gemälden. nur so biegen wir täler auf. tropfen spiegelnd als fabriksruine ins feine mittagessen. bilder schießen sich blicke in die schulter und schleifen den flügelschlag aus. jeder lärm ist hose abmagerungskur aufeinandergerollt. hat bildkugeln im wortbecken stecken.

zuckerbäcker von cremeschnitte verschlungen und in die auslage gestellt. so konnte er viele hineinbohrschwabbelblicke aufsaugen und als faltschirm umhergleiten. umfangreicher stau auf beiden seiten der worte rinnt den aufpumpwimperntunnel durch. natürlich war das feuer leck also als wasser erkannt sagt der supermarkt zum kassenbon ganz glücklich. straße vom frechen fußgänger überfallen sagte die promillegrenze zum verdutzten schaffner.

seidenfaden akzeptiert die nadel nicht wird lieber selbst zum kleid das da kleckert. die zyklame verletzt die reklame und wird deshalb sofort als neuer leichtathletiktrainer engagiert.

rasen rinnt aus der schachtel über die rücken der käfer ins schwimmbad krault einige runden und steht spät abends an der bar als tigerfalter. in den jaguarwespen ist also viel august unterwegs sagt die cremeschnitte zum zuckerbäcker.

natürlich metro im motorrad verunglückt so hüpften einige gratistickets ins sonnenöl hinein. das einkaufszentrum trägt die verletzte richtung im kind hinaus und löst druckstellen von zarten hüllen. bügelrollerübung repariert lebloses lebensmittel steht hier als inserat ganzseitig landesweit in jeder tageszeitung. tropft in brüchige aufgepumpte denkscharniere hinein und löffelt staubige kekse zum tee.

wrack starb im tigerhaikörper und spuckte eine architekturzeichung aus. die hielt skulpturen zusammen die aus den schüssen tropften. alle hände hoch ins schnelle gulyaskompott hinein oder sind das autoschleifüberzieher ausgerutscht verlassen. lange schon fährt ampel die autobahn entlang verschläft aber einige autostopper. ihre kritzelige promillegrenze wurde nie erreicht. säge mit trüffelfinger abgetrennt also wuchs holz zurück in den sessel der lange gähnte über diese vorrichtung.

nun schon ziemlich vibrierender urwald stürzte im segelflugzeug ab. so war der merkur auf dem weg bis nach nordindien und verlor viele kostbare sonden. sogar das geld verteilte in neuseeland ganz viel trinkgeld und fand sich als pizzakurier wieder. nur das schönste wetter ist eine hängebrücke durch alle eigenartigen prognosen durcheinandergewürfelt.

das bergdrama ist beleidigt und liefert deshalb seine opfer wieder aus. die laufbahn selbst will einen neuen weltrekord ersprinten wird aber kurz vor der ziellinie disqualifiziert. für diese haftung wird dennoch keine garderobe übernommen.

aufknetschwabbelauto aus fahrendem durchgackerköder geworfen. so fiedelte der boden in die pistole und stülpte alles schußgerümpel aus. die karte schleppt sich aus dem bild so könnten alle blickschneisen locker umgebaut werden. das erdbeben zwischen den semmelresten verkauft eine meeresküste als zitteraal und wird kurzerhand beschlagnahmt.
ein stieglitz dieser coole kerl schluckt eine kettensäge und wird schleunigst auf einer briefmarke abgebildet da sind sich aber auch alle tierschützer einig. der paddelschlag im umblättern der feisten felsen verkürzt die entfernung zur zunge sehr. schnitt war so lange wie das seil also eine tür oder eine fersenbeuge um die schnitte rum als aromatische mehrfachbelichtung ins internet gezogen. saugt der klebstoff die geschwindigkeit oder ist es offen als makabrer scherz.

neue ware transportierte straßenbahn ins schottergurkerl hinein hieß es als rühriger denkmalschmutz fixiert. duftige sommerwiese mußte segelflieger aus der luft helfen indem sie einen sportlichen kajakfahrer als kran nach oben schob und so rohopium verschepperte. der see ist nur ein stecken und macht kniebeugen im kleiderschrank wo wir versteckt auf so manches warten. da wurde es dem hecht zu dumm und er schluckte einen hai und begann einen briefwechsel mit kentucky.

einen wirklich ganz neuen mittwochanzug hat wer in die tomatensuppe gespuckt also fotografien ausgesaughackerlt sagt henri. warum knurrt aber das foto dabei so. nur die zeichnung fotografiert also oder so ähnlich heißt es. das ohr ging auf reisen und saugt alle worttrichterkniebeugenkugeln aus. so gewann es einige ps und auch einige google-meldungen. wurst zieht marmelade vor. so wurden viele bananen gebügelt und rehrücken serviert.

so an die dreißig delfine beugten eine wunderschöne bucht durch die muscheln auf die oberfläche als kreuzfahrtschiff. die grenze war reis oder wespe mit dem handgelenk umschüttet. badeteich biß riesigen hecht in den hintern. so mußte die durchknetnaht gesonnenscheint werden und schlüpfte beschleunigt statt den zähnen im mund umher. böschung warf reifen und feuerzeuglärm gleichzeitig aus gaumenmitten.

alle finger fingen sich ein und gingen im beerenpflücken am gitarrenriff entlang. so waren brüchige geräusche trichter für gegenstände und auch sitzgelegenheiten zeitgleich durcheinander. schillernder baukörper stand neben dem haus war folglich jener der umherfotografierte. die entstehenden löcher wurden als knetmasse getarnt. der frontalzusammenstoß kam aus der mitte heraus auf die fahrzeuge zu und schluckte sie fast vollkommen aus ihren mitten. die verletzten zeichneten die luken weg und polierten auf. lift griff sich an den hals und spuckte einige denkboote aus. zehn tage brachten ein flugzeug und wurden von witzigen gelsenmuschelschnecken verschluckt.

ernte verschlang heuschreckenherde und bildete sich als hula-hula-reifen aus. eine heuschrecke traf im flüchten den schuß ins knie mußte neu aufgemauert werden. möbel bezahlten messer eine wange so konnte schmalspurbahn in die puppenklinik gebracht werden. luft war also dennoch dicker als beton und sicherte die unfallstellen ab. so war das dach ein halber reifen und kesselwaggon butterbrot verkehrt. insektenhotel wurde neu umgebaut so konnte auch ein kondor darin übernachten teilten die lamellen mit.

mutiges kleinkind lieferte auto aus das sich mit dem brückenbelag verwechselte und mit viel kreuzungsbaustellenplateau zusammenschwabbelte. so saugten die teerklumpen geräusche aus der teichmitte umleitungen. fahrrad flüchtete vor dem bankräuber und ließ alles geld zurück.
einer schutzhütte wurde übel sie spuckte ganz überrascht unsere rieseneishöhlen aus. so eine fesche skulptur ist ein badeteich und liest diese textstelle hier. tischtennis am gitarrenriff sammelt spenden für die walderdbeeren augenzwinkernd breit. der fluß flattert ziemlich betrunken über ein doppeldeckerflugzeug im slalomlauf hinweg.
vollbesetztes wort wäre fast im reisebus verunglückt konnte gerade noch als leitplanke gerettet werden. die notbremsung rann aus der böschung raus und knüppelte den sternenschwarmtaucher.

ein betonkoloß zerschlug eine abrißbirne schlüpfte so leichter in ein rostiges briefkuvert ein. so ungefähr vierzigtausend betten konnten dadurch gerettet werden. dieses riesige hotel ist also der schwabbelbauch am versteckten eingang der zunge ins lose kirschige oleanderlöffelmesser.
auch ein messer starb 30 tage nachdem es ein spatz geschluckt hatte. niemand nahm notiz davon. die mosaiksteine fielen auseinander und marrakesch war gerettet. eine kettensäge und eine käsekrainer wollten den überschlag des umfallenden autos verhindern und wurden deshalb für die olympischen spiele nachnominiert. forelle oder rose wer ist die bessere sonnenbrille. sand baggert mit dem sieg um die wette und ließ sich von allzu leichten bällen vergeben. spital starb dann im taxler weil der überfall zurückkopiert

wurde. wir schmuggeln uns im wort drin aus der gelächter-
spalte.

beim pflügen ist ein feld verunglückt es hat im weit aufgeschraubten polaroid seine übungen vernachlässigt und so
wertvollste fingerprints als tunnelschwabbler verbogen. die
fensterscheibe hob das fenster auf so wurden alle grenzen
aufgeweicht und sichtweisen gestempelt als pflugklupperl
unser geländehaufen.
quer ist der strom ein faschiertes tut melonen als weintrau-
ben eiernockerln. die kometen gingen nachdem sie nicht
kamen im schweif auf. sicherheit bringt der bus den gurten
nach einer schwingtür offen.
umzingeln von ölpumpen freigegeben so oder ähnlich lautet
der bartwuchs. bett rettet feuer aus dem gefahrenbereich
so war der elefantenfisch hubschrauber im kapperl umge-
schwommen. der bogenschütze war eigentlich ein tennisball und kraulte einige satte loopings.

so ein riesengroßer wasserball bohrte zahnarzt an da floß
viel gold heraus also bowling für die zitterschwabbelherzen.
aber ein elefantenvogelauto ist aus wasser nimmt sich als
großsegler im airbus mit. diese frage schiebt den leuchtturm
als zartes hautfeld über den enormen rumpf. der umkehr-
rahmen geht durch die darstellung auf den fingerhuthüften
als steigeisen dazwischen.
trümmer gruben fotos in die wirklichkeit zurück.

Inhalt

raum auf – raum aufgerissen 5

flüssiges eisen ist mit schmetterling vollgepumpt 19

lufthundewasser hat zunge in meinen mund hinein
rausgestreckt 41

blumen die einbeinig aufstehen frühstücken erst spät 53

öffnung krach fluggebirge sind aufgesprungen 77

aufgeblasene blicksprühlanzen bleiben im schwabbelecho
stecken 89

beim frontalzusammenstoß zweier wörter
kam ein känguruh zum vorschein 103

auge verletzte hund im kind ganz schwer 125

schutzhüllen bitte fürs supergeile hochgurtgerümpelgelage
im flex 135

die ofensau muß raus 145